高校体育教学模式
与训练实践理论探索

韩培霞●著

吉林出版集团股份有限公司

全国百佳图书出版单位

图书在版编目（CIP）数据

高校体育教学模式与训练实践理论探索 / 韩培霞著
. -- 长春：吉林出版集团股份有限公司, 2022.8
　　ISBN 978-7-5731-2089-2

　　Ⅰ.①高… Ⅱ.①韩… Ⅲ.①体育教学—教学研究—
高等学校 Ⅳ.①G807.4

中国版本图书馆CIP数据核字(2022)第160613号

高校体育教学模式与训练实践理论探索
GAOXIAO TIYU JIAOXUE MOSHI YU XUNLIAN SHIJIAN LILUN TANSUO

著　　者　韩培霞
责任编辑　李　娇
封面设计　李若冰
开　　本　710mm×1000mm　1/16
字　　数　200 千
印　　张　14.25
版　　次　2022 年 8 月第 1 版
印　　次　2023 年 8 月第 1 次印刷
印　　刷　北京厚诚则铭印刷科技有限公司

出　　版　吉林出版集团股份有限公司
发　　行　吉林出版集团股份有限公司
地　　址　吉林省长春市福祉大路5788号
邮　　编　130000
电　　话　0431-81629968
邮　　箱　11915286@qq.com
书　　号　ISBN 978-7-5731-2089-2
定　　价　85.00元

前　　言

  当前社会经济高速发展，高校作为优秀人才培养的主阵地，应以提升大学生综合素质为核心工作，积极创新教学理念和方法。高校体育教学对学生的发展具有重要的作用，它不仅能提高学生身体素质，还会对学生未来的就业及适应社会等方面起到重要作用。作为高校主要课程之一的体育课，同其他学科一样面临着课程体系、教学模式的更新与改革。体育教学模式是指在一定教学思想或教学理论指导下，建立起来的较为稳定的体育教学活动结构和活动程序。与此同时，开展体育训练不仅能够锻炼高校学生的身体素质和意志力，而且对提升学生的综合素养具有十分重要的意义。

  基于此，本书以"高校体育教学模式与训练实践理论探索"为题，共设置六章内容：第一章阐释体育教学与体育教学模式、高校体育教学目标与过程、高校体育教学的德育观与方法论；第二章主要内容包括体教结合模式及其理论依据、高校体育教学中体教结合模式的构建、高校体育教学中体教结合模式的应用；第三章主要针对高校体育课堂准备与说课教学、高校体育的微课教学模式、高校体育的慕课教学模式、高校体育的翻转课堂与混合教学模式进行分析；第四章讨论高校体育运动训练及其影响因素、高校体育运动训练的原则与方法、高校体育项群训练理论；第五章探究高校体育的力量素质训练、高校体育的速度素质训练、高校体育的耐力素质训练、高校体育的柔韧素质训练；第六章解析高校体育足球运动的技战术训练、高校体育轮滑运动的技战术训练、高校体育冰壶运动的技战术训练。

  全书秉承较为新颖的理念，内容丰富详尽，结构逻辑清晰，客观实用，从高校体育教学基本理论进行引入，系统性地论述体教结合的体育教学模式、信息化的体育教学模式、体育运动训练理论，针对体育素质训练与技战术训练进行解读。另外，本书注重理论与实践的紧密结合，对我国体育教育具有一定的参考价值。

　　本书的撰写得到了许多专家学者的帮助和指导，在此表示诚挚的谢意。由于笔者水平有限，加之时间仓促，书中所涉及的内容难免有疏漏与不够严谨之处，希望各位读者多提宝贵意见，以待进一步修改，使之更加完善。

韩培霞

2022 年 1 月

目　　录

第一章　高校体育教学理论基础

第一节　体育教学与体育教学模式概述

一、体育与体育教学

（一）体育

1.体育的特征

文明社会进入到一定发展阶段，出现了现代体育。作为在社会各个阶层和各个领域都得到了普及的艺术形式，现代体育主要表现出以下基本特征：

（1）国际化特征。作为在国际范围内普遍存在的社会现象，学校体育教育、公众自发性体育活动、体育赛事等从不同的角度完善、发展了现代体育的理论性和实践性，使之得到了不同程度的国际化渗透。

（2）社会化特征。现代体育的社会化是指由全社会来兴办体育，发挥现代体育的社会功能，使体育成为一项社会活动。现代体育不仅承担着强身健体的社会职能，还开始逐步地改变人们的生活方式和生活质量。具体来讲，现代体育的社会化主要表现在：①竞技体育的社会化，即以个人或企业牵头成立的某体育项目俱乐部或以产业系统为核心建立的体育协会等；②大众体育的社会化，即人们开始积极参与体育项目、投资体育活动或增加在体育活动上的消费支出；③学校体育的社会化，较为常见的是学校体育场馆面向社会大众开放、学校利用社会体育基础设施开展体育教学等。

（3）科学化特征。现代体育的科学化是指体育管理、体育锻炼、体育训练和体育教学等方面得益于现代科学技术发展呈现出的基本属性，其中，尤以体育运动训练的科学化属性最为突出，从优秀体育人才的选拔到科学的训练方案制定、体育成绩预判以及医务监督等过程都需要在科学技术的支持下完成。同时，体育运动训练和体育赛事对电子计算机、激光和遥测空间技术等的引用，都为现代体育增加了科学化的色彩。

（4）商业化特征。现代体育的商业化是促使体育运动适应于现代社会的有利因素，主要包括体育活动的投入、出于商业性收益的运动员转让、电视转播权、赛事门票、广告收益、体育活动场所及基础设施有偿使用等内容。

2. 体育的类型

（1）学校体育。学校体育是在各个学校开展的有目的的体育教育活动，旨在提高学生身体素质，教授体育知识、技能等，同时也可以培养学生的意志品质。学校体育是体育的一部分，也是教育的一部分。我国体育事业的发展离不开学校体育。学校体育教育的主要目的是锻炼学生的身体，增强体质，培养学生的意志品质以及终身体育的思想。学校体育由体育课、课外体育活动、体育训练和课外比赛竞技四个部分组成。

（2）竞技体育。竞技体育可以最大限度地激发人们的潜能，使人们的体格、体能、心理、运动技能等能力得到锻炼。人们为了在比赛中获得好成绩，会进行一系列科学的训练和比赛，这些都属于竞技体育的一部分。竞技体育是文化领域中的特殊部分，在体育领域中占有较高地位，也是世界体育文化的主体，在大众文化中也具有很高的地位。竞技体育将人体的能力发挥到极限，观赏性和感染力较强。同时，竞技体育也可以凝聚、团结民族力量，振奋民族精神。

（3）社会体育。社会体育主要是人民群众为了锻炼身体、进行康复训练、休闲娱乐等而进行的体育活动，它的形式多样，受众广泛。社会体育主要群体是人民群众，涉及社会生活的各个领域，包含的内容也十分多样，比如娱乐体育、休闲体育、养生体育、医疗体育等。在当今社会，人们不断提高对自身的发展重视程度，对自身知识水平和身体素质的要求也更高。身体素质主要围绕身体健康、体形、精神状态和自身气质等方面，人们会选择进行社会体育和学校体育来提高身体素质。

3. 体育的功能

体育的功能产生于体育的本质和社会的需要，并从促进社会物质文明和精神文明中表现出来。体育的功能具体如下：

（1）健身功能。体育是以身体的直接参与来表现的，这是体育最本质的特点，决定了体育的健身功能。

1）改善大脑供血和供氧，提高中枢神经系统的适应能力，能使人心情舒畅，调节社会、生活和工作的压力。

2）促进人体的生长发育，加速新陈代谢。

3）对人体内脏器官构造的改善有着积极的作用。

4）刺激骺软骨的增生，促进骨骼的生长。

5）提高肌肉的工作能力。

6）提高人体的免疫力、抗疾病能力和心理承受能力。

7）提高对自然环境和社会环境的适应能力，预防疾病，延缓衰老。

（2）娱乐功能。体育运动既可以帮助人们提高身体素质，又可以获得精神上的愉悦，陶冶情操，人们可以在运动中暂时放下繁忙的工作，让身心获得暂时的休息。实现体育娱乐功能的主要途径是参观和参与。体育运动具有极高的观赏性，尤其是高水平的竞技体育活动，能够展现出力量与速度的完美结合，让观众欣赏到人体力量和运动之美。另外，体育活动可以让参与者相互配合，在与他人的竞技中获得不一样的身心体验，娱乐自身。

（3）社会化功能。人的社会化就是个体社会化，是人从生物的人变为社会的人的过程。而在这一转变过程中，体育运动扮演着重要角色。人们学会的基本生活技能都是通过体育运动获得的，婴儿的被动体操、儿童的打闹嬉戏、长大后适应社会等，都需要通过体育活动获得。人们在进行体育运动时，必须遵守体育规则，通常由教师或教练告知规则并进行监督，这一过程就是让人们养成遵守社会规则的行为习惯。

体育运动具有社会性，在体育运动中，人们相互交流，彼此默契配合，可以促进人际交往，提高人们的沟通能力。为了促进人类社会健康发展，就要在社会各类人群中普及健康和体育运动的相关知识，使青少年、中年人、老年人等不同年龄段的人都能通过获得体育知识进行体育活动，培养健康的生活方式。在促进个体社会化方面，体育已经深入社会生活的方方面面，扮演着重要的角色。

（4）教育功能。体育是教育的重要组成部分，体育的教育功能也是它最基础的功能。人们参与各类体育活动的同时也在接受教育，无论是在学校、俱乐部，还是训练场以及其他各类场所的锻炼，都会有教师、教练进行指导和教授。尤其在校学生处于身体生长发育阶段，也处于世界观、价值观的形成时期，进行体育运动，不仅可以提高学生身体素质，增强体质，而且还可以让学生接受意志品质和思想道德规范等方面的教育。

同时，体育具有群体性、国际性、礼仪性和竞技性等特点，可以向人们传递某种价值观。此外，体育还可以激发群众的爱国热情，增强民族凝聚力，促进人们的身心健康发展。人们在观看体育比赛和参与体育活动的过程中也会受到社会的影响，接受良好的社会教育。

（5）政治功能。体育和政治客观上是相互关联的，不论是哪个国家，体育都要服从政治，政治对体育永远具有领导权。体育在政治中主要在两个方面有重要作用：①在国际比赛和交流中具有重要作用；②在群众体育中具有重要作用。

国际比赛可以反映出一个国家的实力，从一个国家竞技体育水平的高低，可以看出一个国家政治、经济、文化等方面的发展情况。从这一意义上来看，体育竞赛就像和平时期的战争，在竞技比赛中取得胜利可以增强人们的民族自豪感，提高国家在国际上的地位。此外，体育还可以增进不同国家之间的文化交流，服务于外交，通过国际比赛连接不同国家，促进交流合作和友好往来。

（6）经济功能。经济发展为国家发展提供物质保障，体育的发展也离不开经济的支持。一个国家的体育运动发展情况通常可以反映出这个国家的经济发展水平。经济发展促进体育发展，体育运动的发展又可以推动经济发展。如今，体育作为第三产业，在经济中的地位日益提升，与商品经济联系日益紧密。体育运动主要从两个方面获得经济收益：一方面是大型运动会，通过售卖门票、印发纪念币、邮票、体育彩票等获得收益；另一方面是日常体育活动，利用体育设施，组织热门体育项目比赛，开展娱乐体育活动，售卖体育服装、体育设施，同时组织旅游活动、体育咨询等来获得经济收益。

（二）体育教学

体育在整个教育过程中具有不可替代性，是学校教育的重要组成部分，同时又具有体育的属性和功能，是促进学生全面发展的重要手段。体育属于教育学和体育学下的学科层次，所以体育和教育有相同的属性。一方面，学校教育的构成包括高校体育，因此二者的目标是相同的；另一方面，体育中也包含高校体育。

因此，体育的属性也被高校体育展现得淋漓尽致，通过基本的身体运动和练习，强健体魄，加强人体机能，让大学生的身心得到更好发展。总的来说，通过基本的身体运动和练习，运用科学的培育方式提高学生身体机能，让德、智、体、美在人心理和生物潜能不断开发的过程中得到发展，实现身体和心理的健康，就是高校体育的目标，也是教学发展的总目标。

1. 体育教学的任务

"学生的体质是高校为社会培养人才的一个重要保证，作为高等教育的重要组成部分，高校体育的重要性日渐突出。"[①] 我国高校体育要实现的目标既要依照体育功能、大学生所处的年龄段，又要依照我国教育事业和现代社会的发展需要来制定。其目标是让大学生具备健康体育的意识，提高体育技能，自觉坚持体育锻炼，增强自身体质；让大学生有正确的体育观念、良好的行为习惯和思想品格，全面发展德、智、体、美、劳，为发展社会主义事业打下良好的基础。以下这些任务可以帮助体育教学更好地实现目标：

第一，增强体质、增进健康是我国高校体育要完成的最重要任务。其既反映了体育具备的最本质功能，又符合当前我国大学生身心健康发展和社会

---

① 许砚田，毛坤，邢庆和.高校体育教学模式的探讨[J].北京体育大学学报，2001，24（4）：508.

主义建设的需要。大学生基本都处在最具生命活力的青年期，特别注重身心的健康发展，可以在这一时期督促大学生学习体育，让大学生养成良好的生活习惯，身体健康和心理健康两手抓，鼓励大学生参加各种各样的文化活动，坚持锻炼身体，保证大学生良好的身体发育，增强体质，让锻炼更有效果，增加身体抵抗力，具备快速适应环境和参与各种活动的能力。

第二，坚持锻炼身体，学习体育健康知识并掌握相关技能。为保证大学生具备正确的体育意识，充分了解体育健康知识，激发出大学生参与体育锻炼的热情，保证身体健康，就需要大学生不断学习有关体育和健康方面的知识，要科学地参与运动项目的锻炼，熟练掌握其技术，并养成坚持锻炼身体的好习惯。这些可以很好地满足大学生以及当代人身体健康的需要。

第三，培养良好的思想品德、意志，促进学生个性完善发展。育"体"和育"心"在高校体育中同样重要。体育本身具备的特征为高校体育提供了多种多样的形式，但要在筹备体育竞赛、开展运动训练活动、安排体育课程等过程中时刻关注对其思想和意志方面的学习。鼓励学生积极锻炼身体，早日投身于建设社会主义现代化中；培养大学生具备奋发图强、敢于拼搏、吃苦耐劳、团结友爱的优秀品格；鼓励大学生积极养成健康的行为，具备发现美、表达美、热爱美的能力，让大学生实现更高、更好的追求，全面提高大学生在个性方面的发展。

第四，提高运动技术水平，为国家培养体育人才。大学在积极推动群众性体育活动的同时，也应着重培养一些具备专项运动才能、体育运动突出的大学生，科学合理地为他们安排训练活动，让大学生充分发挥体能和智能的长处。要始终遵循体育运动的规则，为大学生灌输正确的竞技教育知识，展开科学、系统的训练，让大学生的运动水平得到极大提高。这样不仅可以丰富大学生的课余生活，也有利于开展各类群众体育活动，还可以增加国家竞技运动人才的储备量。

2. 体育教学的内容

体育教学内容可以说是以有关身体运动的学习和身体运动的技能形成为主要培养目标的内容；是以运动为媒介，以大肌肉群的活动状态进行教学的内容。简言之，体育教学内容是运动实践，是通过实际练习完成教学的。正因如此，体育教学不同于其他教学，一方面它在传授体育技能的过程中锻炼了学生的学习和认知能力；另一方面在实际训练中还带动学生身体练习，使其生理机能也得到加强。学生在参加体育学习的过程中，要通过运动中的肌肉本体感觉的形成与动作的记忆，来判断自己是否真正掌握了教学内容，因此在体育教学内容中，学生的学习是要将思维和行为联系起来的。所以，体育教学内容的学习尤为强调练和做等实践行为，因而呈现出运动实践性的特征。

（1）体育教学内容的组成。

1）田径运动。高校体育教学中的田径运动不仅是对田径技能的教学，还与学生基本的活动能力和不惧阻碍、敢于竞争的心理需求等有直接联系，因此，体育教师在进行田径教学时要对以上内容进行全面考量。具体来说，体育教师不能只着眼于竞技项目，而应该综合文化、心理、竞技、体能等多种要素，从教学的视角分析要素之间的内在联系，并对教学内容做出取舍。只有这样，筛选、组织的教学内容才符合学生的需求，能够引起学生的学习兴趣。通过对田径教学内容的选择、优化，学生才能理解田径运动的作用和意义，初步掌握运动中涉及的跑、跳等基本技能的特征和原理，在掌握田径相关知识的基础上，有意识地将学到的技能运用到日常生活或体育锻炼中，使学生掌握基础的田径技能，真正学有所得，从而对其今后的生活产生持续而长久的影响。

2）球类运动。球类运动种类丰富，因此，在选择球类运动教学内容时教师要全面考虑不同球类运动的教学顺序、不同球类运动间的联系等，要注重球类运动的实战性和竞技性特征。一般来说，足球、篮球、羽毛球、乒乓球等都是球类教学的主要项目，这些项目也较受学生喜爱。教师在组织球类教学时，要对球类运动的共性及球类比赛相关知识有所涉及，在帮助学生对球类运动有一个大致了解后再集中对 1～2 种球类基本技术和重要技能进行训练，让学生掌握技巧，并能参与球类比赛。由于球类教学中涉及的技术和战术相对于其他体育运动难度更高，且同一球类不同的技术之间是相互联系的，因而教师在选取教学内容时不能只着眼于单一的技能训练，而应该适当举办球类比赛，在比赛中引导学生将单一技能融会使用。在实战中不仅能提高学生的技术，还能最大限度地调动学生的兴趣。

3）健美运动。健美运动既是一项表现运动，又是一项锻炼身体效果较好的运动。健美运动的教学内容包括民间舞蹈、健美操、体育舞蹈、韵律操和艺术体操等内容。健美运动融合舞蹈和运动元素，伴随着音乐和节奏，能将人的形体美和运动时的动态美充分展现出来，因而这项运动受到学生的普遍欢迎。在健美运动教学中，教学内容的选择既要包括该运动的相关基础知识，引导学生掌握基本的健美运动技能，又要通过舞蹈音乐培养其节奏感，通过舞蹈动作教学改善学生的体态，使其舒展身体，提升身体表现力。健美运动教学内容还与乐理、舞蹈原理、审美等内容相关。因此，教师在筛选教学内容时还要对舞蹈乐理知识有所涉及，并将培养审美意识作为教学目标之一。以往这部分教学内容考虑动作教学的因素多，而教一些基本原则并让学生尝试自编的要求较弱，应予以考虑加强。

4）瑜伽运动。瑜伽运动是一项有着 5000 年历史的关于身体、心理以及精神的运动，起源于印度，其目的是改善身体和心性。瑜伽是一种使身体、心灵与精神达到和谐统一的运动方式。它是一个通过提升意识、帮助人类充分发挥潜能的体系。瑜伽运动教学是指在教师的指导和学生的参与下，按照教学计划及教学大纲要求，由教师向学生系统、有效地传授瑜伽理论知识、瑜伽体式及培养学生能力的过程。由于瑜伽理论意义深厚，流派种类多，瑜伽体式动作繁多和拥有不同级别的练习，并在音乐的伴奏下进行，使得瑜伽练习更加需要身、心的全面投入。在瑜伽教学的每一个阶段，都应该细致入微，重视基本姿势与呼吸的配合，注重身、心的完美结合，重视提高单个体式、组合动作和成套动作的质量。为了完成好瑜伽的教学任务，教师在教学实践过程中，不仅要全面贯彻体育教学原则，而且要根据瑜伽教学特点，采用多种有效的教学方法和手段。

（2）体育教学内容的选择。选择体育教学内容主要涉及三个方面的考量，即选择的依据、原则和方法，这些是每位体育教师都需要考虑的问题。在课程改革不断推进的背景下，体育作为高校教育的重要组成部分之一，也需要紧跟新时代的教育需求，积极推动课程改革，精选、优选教学内容。选择科学、合理的体育教学内容是推动体育教学现代化、科学化的重要路径，是体育教学研究开展、体育教师培养、体育教学工作推进的前提。总之，教学内容选择是体育教学的基础工作，值得每一位体育教师重视。

1）体育教学内容选择的依据。其主要包括：①学生能学到一定的体育相关知识，满足其今后体育锻炼和体育欣赏的基本需求；②让学生的身体机能得到增强，满足学生身体发展的需要；③让学生在学习中体会到体育运动的作用和趣味，帮助其养成终身锻炼的意识。总之，筛选内容时，必须以学生为主体，看它是否有利于学生的"学懂""学会""学健""学乐"。这不仅是体育教学效果评价的四个视角，还是选择体育教学内容的四大依据。

2）体育教学内容选择的原则。教师在筛选教学内容时还要遵循一些基本要求，即筛选的原则，具体来说，选择时要遵循五大原则：①教学性原则。所谓教学性原则就是选择的内容应当具备学习价值，这就要求所选内容是健康的、积极向上的，对学生的身体素质提升和精神品质培养都有一定作用。②健身性原则。健身性原则要求教学内容能充分调动身体的大肌肉群，能给学生带来全面的身体锻炼，且锻炼的难度和强度要适宜其身体发展需求。③趣味性原则。趣味性原则顾名思义，选择的教学内容要富有趣味性，能吸引学生，让学生在学习中体会出该内容的乐趣所在。④文化性原则。文化性原则强调所选择的内容要具有一定的文化性，最好选择能反映当地民族特色或区域特色的体育项目。⑤可行性原则。可行性原则就是选择的教学内容应和高校的体育教学设施、教学场地、师资力量等相符合，是切实可行的教学内容。

（3）体育教学内容的改革。新时期高校体育教学内容改革的思路，要以增加健康体育教学的内容、学生身心发展的特点以及知识和能力的水平为主要依据，来对教学内容进行有针对性的安排，使内容分布能够兼顾娱乐性和实用性，能够引起学生兴趣，最大限度地唤醒学生学习的主动性、积极性。教师需要注意，教学内容必须是健康而积极的，因此，在组织内容时要充分挖掘其中蕴含的健康教学因素，为学生创造一个健康的体育教学环境。此外，健康的内容还是增强学生体质的必备条件，教师可以在组织教学内容时删去那些陈旧的、乏味的、要求过高的、难度过大的项目。健康的教学内容不仅能为学生塑造健康的心理，还能让学生在参与体育锻炼的过程中增强体质，最终实现全身心健康发展。

体育教学内容对高校体育教学的总目标产生着不可替代的影响，现行的教学内容体系还存在着一些不足。因此，想要推进新时期体育教学的有效实施，就必须要及时对教学内容进行改革。具体来说，可以从以下方面进行改革探索：

第一，加强硬件设施建设及管理。体育是一项室外教学课程，教学设施和教学器材是教学活动得以开展的基础，设施也会对体育教学内容的选择有所影响。因此，想要推进体育教学内容改革，要加强体育教学设施建设，为学生可学习的体育项目提供多元化选择。例如，高校要建设、管理体育运动场馆，如篮球场、游泳馆等，提高场地的利用率；还可以补充新的体育器材和体育锻炼设备，并及时关注设备损耗情况，做出调整、补充。

第二，建立体育课程理论的体系构建。体育课程理论体系也是现代体育教学的重要改革路径，一般来说，高校体育教学的理论内容可分为体育社会人文类、体育锻炼和养生保健类、体育科学原理和运动人体科学类，高校可以基于以上分类，按照各年级学生身体发展需求来安排体育项目和体育课时。通过高校对体育内容的分类和课时安排，能让学生掌握体育运动基本知识，并对体育运动损伤处理方式有所了解，能有意识地建立个人运动计划，提升身体素质。

第三，体现现代高校的时代特征。现代体育强调娱乐性、健身性、人文性和多元性等，时代同样赋予了高校体育教学以上特征，推动体育教学的内容朝着现代化方向发展，力求打造出更全面、更实用、更灵活的体育课程，体育教学在现代教育体系中的地位也在不断提升。综上，体育教学内容选择应当体现时代特征，符合体育学科的发展需求，构建出具有时代特征的内容体系，让体育教学在促进学生全面发展过程中发挥其应有作用。

第四，注意体育教材内容的选择。教材是教学活动开展的依据，教学内容直接通过教材呈现出来。在编撰体育教学的教材时，要注意教材内容的选择。①要选取最主要、最关键的内容，内容在精不在多，要能突出体育教学的特点，锻炼学生的身体机能；②要选择趣味性强的，能引起学生兴趣的内容，删除与时代需求不符的、难度过大的体育项目；③内容选择要符合时代发展需求，做到与时俱进，兼顾现代社会对体育提出的"健康、娱乐、实用"的要求；④内容还要具有区域特色，突出个性部分，对一些少数民族较多的地区或省份，在编撰教材时，可以适当选入当地的少数民族体育文化和传统体育项目，让体育项目的民族性得到发展；⑤内容选择应该坚持多元化原则，要综合高校、教师、学生等多个主体的条件和需求，给体育教学更多选择余地，有条件的高校可以选择武术、瑜伽、游泳、健美操等内容，突出本校体育教学的特色。

第五，把时尚体育引进校园。新时期的体育项目越发丰富，如跆拳道、街舞、滑冰等相继出现在人们的视野中，并受到青少年群体的广泛喜爱。这些新项目具有新颖、时尚的特点，吸引着学生们，激发着学生的学习兴趣。因此，高校可以考虑将这些内容纳入体育教学，结合学生的需求和高校体育设施、教学师资，有选择性地吸收新项目，为体育课堂引进新动力。这些新项目能激发学生主动学习的意愿，并积极参与项目学习，有效提升体育教学的有效性，推动体育教学项目的更新、优化。

二、体育教学模式

体育教学模式是在某种体育教学思想和理论指导下建立起来的体育教学的程序，包括相对稳定的教学过程结构和相应的教学方法体系，主要体现在体育教学单元和教学课的设计和实施上。

体育教学模式概念由三个基本的要素组成：即教学指导思想、教学过程结构、相应的教法体系。这三者的关系是：教学过程结构是支撑教学模式的"骨架"；教学方法体系是填充教学过程的"肌肉"；教学指导思想则是内含在"骨骼"与"肌肉"中，并起到协调和指挥作用的"神经"。教学指导思想（神经）

体现了教学模式的理论性；教学过程结构（骨骼）体现了教学模式的稳定性；教学方法体系（肌肉）则体现了体育教学模式的直观性和可操作性。

（一）体育教学模式的显著特点

（1）理论性。体育教学模式是在体育教学实践中以一定的体育教学思想或理论做指导而建立起来的。例如，快乐体育教学模式就是在"快乐体育"教学思想的指导下逐步在体育教学实践中形成的。没有体育教学理论的指导，体育教学模式是不完整的，原因之一就是它缺乏科学基础。

（2）独特性。任何体育教学模式都只表达特定的教学思想，针对特定的教学目标、教学内容和教学环境，适用于特定的教学对象和范围。

（3）操作性。体育教学模式是抽象体育教学理论向实践转换的中介，不是空洞的思辨，而是抽象理论具体化，教学过程内在本质表面化。体育教学模式必须具有操作性，而且其操作性越强，越能较好地运用于教学实践。

（4）开放性。体育教学模式是不断发展的，不会也不可能出现"终极模式"。一方面，体育教学模式必须接受和吸取新的教学思想或理论，这是其不断修补和完善的前提；另一方面，体育教学模式会随着体育教学改革的推进而不断更新和完善。因此体育教学模式是一个开放的、动态发展的位于体育教学理论与实践之间的中介物。

（5）稳定性。体育教学模式和其他教学模式一样具有稳定性的特点。稳定性是体育教学模式在实践中得以运用操作的前提。任何教学模式，如果没有稳定性的特点，那么它将因无法操作而被束之高阁。体育教学模式的稳定性是相对的，而不是绝对的。因为其所包含的体育教学方法和教学组织形式，在体育教学实践中是灵活多变的。

（6）优效性。体育教学模式的优效性表现在两个方面：①在教学实践中总结构建出来的教学活动的简化程序，其形成过程也是教学活动的优化过程；②体育教学模式一旦形成并被实践所证实，其应用就会提高教学效果。但是体育教学模式要在教学实践中取得优良的教学效果，必须经过合理的选择和运用，其关键就在于要选择与一定教学目标相对应的教学模式。

（二）体育教学模式的基本属性

对各种先行研究进行归纳，总结出体育教学模式的四个基本属性：理论性、稳定性、直观性、对应性。

1. 理论性

所谓理论性是指任何一个比较成熟的体育教学模式都必定反映了某种体育教学指导思想，都是一种体现了某个教学过程理论的教学程序。只有以明确的教学指导思想和理论为基础的教学模式，才有可能比较完善和清晰。因此，体育教学模式与教学思想及理论的依存关系，形成了教学模式的理论性属性。

2. 稳定性

一个体育教学模式的确立实际上是一个新型的体育教学过程结构的确立，既然是结构，就必然有相当的稳定性。所谓"教学模式"，就是指无论在什么时候运用这种教学模式，其基本程序和主要环节都不应有大的变化（根据学生的情况和教学条件变化做些细微的调整是可能的）。如果某个教学模式在不同人和不同时间运用时都要产生大的变化，那就说明该教学模式还没有真正地建立起来。

3. 直观性

直观性也可称为可操作性，任何一个新体育教学模式的建立，都意味着它和以往的任何体育教学模式是不同的，都具有某种鲜明的特点和独特的教学效果。所谓新的特点和独特的教学效果一般都体现在整个教程安排的特殊结构或某个特殊的教学环节上，因此应该是很明显的。这就使人们可以根据其特定的教学环节和独特的教程安排来判断是不是属于此种教学模式（直观性），这个特性还可以使人们通过设置其独特的教程或特定的教学环节，来重现该教学模式（可操作性或可重复性）。

4. 对应性

任何一个体育教学模式都不是万能和绝对的，都是具有一定特殊功能和特点的教学过程，因此它一般有一个大概的适应范围，如适应什么样的教材、什么样的学生、什么样的场地设施条件等。由于各个体育教学模式的特点不同，其对应的范围也会有大有小。

第二节 高校体育教学目标与过程

一、高校体育教学目标

高校体育教学目标能够帮助人们更好地了解与掌握体育教学目标，并为体育教学目标的设计提供科学依据。

具体而言，体育教学目标的主要功能如下：

（1）定向功能。体育教学目标是对体育教学目的的反映，在体育教学的开展过程中，体育教学目标发挥着方向性的作用，即体育教学活动是在体育教学目标的指导下开展的。基于此，体育教师在开展体育教学活动时，必须要以体育教学目标为指导。

（2）激励功能。就体育教师来说，当体育教学的目标确定之后，会激励其为实现这一目标而全身心地投入体育教学工作中，并在工作中始终保持较高的热情，确保体育教学目标能够实现。就学生来说，当体育教学的目标确定之后，会激发其参与体育教学活动的兴趣和积极性，这对于体育教学取得良好的效果具有积极的意义。

（3）规范功能。体育教学相比其他学科教学来说，要更为复杂。再加上新课程标准对体育教学提出的新要求，使得体育教学的难度进一步加大。在此影响下，一些体育教师在开展体育教学活动的过程中，很可能出现无法保证体育教学科学性的现象，继而导致体育教学无法取得理想的效果。要避免这种情况的发生，一个有效的举措便是让体育教师确实明确体育教学目标的规范作用，即要切实依据体育教学目标来选择教学内容、实施教学行为等，以确保体育教学的科学性和有效性。

（4）评价功能。所谓体育教学目标的评价功能，就是以体育教学目标为标准来评价体育教学活动的效果。比如，足球课程教学的目标之一是让学生掌握足球运动的相关知识与技能，那么在评价足球教师是否完成了教学活动时，就需要考虑其所教授的学生是否掌握了相关的足球运动知识与技能。

二、高校体育教学过程

体育的教学过程是为实现体育教学目标而计划和实施的，是让学生掌握体育知识和体育技能，以及其他教育内容的过程，包括时间和空间两个维度。与其他学科教学不同，体育教学过程既要关注个体，又要兼顾整体；既要尊重学生的个人意识，又要关注教师的教学目标，只有做到全方面、多维度地探讨体育教学过程，体育教学过程理论才能真正指导体育教学实践。

总之，高校体育教学过程是一种系统运行过程，是师生共同参与，由确定目标、激发动机、理解内容、进行身体反复练习、反馈调控与评价等环节组成。

（一）体育教学过程的基本要素

1.教学主体要素

（1）教师。教师是教学的组织者与管理者，决定体育教学过程的实施方法，即教什么（教材）和怎么教（传播媒介），是教学计划的制订者，教学环境的创设者，各种教学关系的协调者，并通过了解、激励、教育、指导影响学生，是教学活动的关键因素，起到主导作用。

教师作为教学系统内的重要因素，在要素结构中所占比例应大小适度。如果教师的比例过大，主体性过强，势必会限制学生独立自主学习能力的培养。教师在教学过程中具体应该占有多大的比例，应视其他构成因素情况而定。在教授新学内容时、教学内容有一定的危险时、教授低年级学生时，教师应该发挥主要作用，应该负有更大的责任。在复习课、提高课中，教师如果过多干涉学生的学习活动，则会影响学生个性的发展、创造力的提高以及独立解决问题能力的培养，甚至起到相反作用。另外，随着现代教育理念的迅速发展，教师在体育教学过程中的角色也开始出现变化，教师已经不再是传统意义上的知识拥有者、传授者，其角色已经转化为教学过程中的"指导者、协作者、帮助者、建议者"，甚至是"学习者"的角色。

（2）学生。学生是教育的对象，教材的选择、教学方法的制定均指向学生。学生又是学习的主体，如果没有学生积极、主动、自律地学习，教学活动就无法开展，"促进学生体育学习"的体育教学目标也无法实现。学生只有积极配合教师的教学活动，充分利用各种教学条件，认真学习教材内容，才有可能达到较好的学习效果。

2. 传播媒介要素

传播媒介泛指教学过程中教材内容传递至学生的各种方法、形式或工具，一般包含物质条件和方法手段两方面，具体包括讲解、示范、教具模型演示、电视技术、互联网技术，讨论、答疑、练习、游戏、比赛以及体育场地器材设施等，主要职能是传递信息。值得注意的是，教师在某种程度上也是传播媒介的一种形式，因而在教学过程的构成因素中具有双重身份。当代社会是一个开放式的、高信息量的社会，教师已不仅是传统意义上的知识拥有者、传播者，随着电视、互联网技术的普及发展，人际交往的进一步深化，学生获得知识的途径越来越多，单纯依靠教师获得信息的时代已经一去不复返。

3. 体育教材要素

体育教材是在体育课中为实现教育目标而精选、组织的身体活动的内容体系，是学生学习过程中所要学习的对象，即学习过程中认识的客体。教材内容的选择应该内容丰富，教材的编排也应该新颖且具有吸引力，以改变体育教材滞后于我国社会发展的事实。

体育教材涉及内容、顺序和组合等多方面因素。教材内容涉及的是教什么的问题，教材顺序涉及先学什么后学什么的问题，教材组合则是在同一堂课中可以同时教什么的问题。由于我国疆域辽阔，地理状况、地区间的经济水平、学校物质条件等差异较大；另外，学生的兴趣爱好、技能水平、身体素质也存有较大的个体差异，教材内容、顺序、组合的选择应视地域、学生的实际情况而进行科学安排。

体育教材在一定程度上决定了教师的教学思想、模式、方法，历年的课程改革总是以教材内容的改革为出发点。体育教师应该根据体育教材进行教学模式、教学方法的创新，以实现体育教育目标。

总之，坚持以教师的专业教学为指导、以学生认真学习为重点，充分利用体育教学工具和教材的方式方法，才能让体育教学效果最大化。需要注意的是，影响体育教学过程的四大要素互相影响、互相作用、"牵一发动全身"，而且教学目标的调整也将对体育教学过程的四大影响要素产生"反应"。

4. 教学环境要素

主观能动性是人们在实践中认识客观规律，并根据客观规律自觉改造世界，推动事物发展的能力和作用。体育教学过程中的主体始终是人，即施教者教师和受教者学生，充分发挥各自的主观能动性，教师以科学评估数据为依据，赞扬学生的成绩，鼓励成绩薄弱的学生，对教师个人素养的提升、学生体育知识和技能的掌握有重要的现实意义。在这个过程中，存在一个不可忽略的环节，就是良好的教育环境对各要素作用发挥的影响。良好的教学环境不仅可以让教师的所学得以充分发挥，提升教学质量，更能调动学生的积极性，发展学生的创造力。

5. 教学评估要素

根据系统论"系统整体大于部分之和"的观点，仅仅使各个要素达到最佳并不一定能够发挥整体的最佳功能，只有在追求各要素同步发展的同时，努力促进其协同配合，优化组合结构，在实现整体目标的前提下，充分发挥其个体功能，才能获得整体最大功能，即"整体大于部分之和"。进一步而言，体育教学过程要达到其整体的最佳功能，并不是各个要素的个体功能简单相加，所以单纯地提高各个要素的个体功能并不一定能够收到良好的教学效果，只有在充分发挥其个体功能基础上，树立整体观念，努力促进各要素协同配合，优化组合结构，才可以实现体育教学过程的高效率、高效益，保证体育教学沿着科学化的方向发展。对此，学校及体育教师在教学过程中应严格按照相关规章制度教学，制定健全的、科学的、统一的、明确的评估体系，判断不同阶段各要素之间相互作用的发挥情况及取得的成果，以便及时调整教学计划和教学目标，进而实现体育教学过程整体效率的优化。

（二）体育教学过程的设计原则

体育教学过程的设计是用流程图的形式计算，间接反映分析和设计阶段的结果，表达教学过程，直观地描述体育教学过程中教师、学生、学习内容、教学媒体等基本要素之间的关系，为体育教师提供一个有参考价值的教学设计方案。以下为高校体育教学过程的设计原则：

（1）发挥教师主导作用。作为人类文明和知识的传播者，教师是影响教学成果的关键环节。现代教学环境下，教师除了要做好课前准备，把体育知识讲清楚，更要打破传统体育教学模式的桎梏，培养授课创新思维，采用不同的方式引导学生自主学习、独立思考、敢于发现问题并解决问题，由最初的"授课"模式调整到更为适应现代科学技术迅猛发展需要的"解惑"模式。

（2）学生为学习主体。学生作为学习的主体，要更好地吸收教学成果，培养独立人格，必须在体育教学过程中以教师的引导作用为依托，主动学习、学会学习，把握甚至是创造更多的机会实践所学，并从与教师、学生的沟通中启发智慧，对此需要教师在体育教学过程中积极引导。

（3）媒体优化。在设想如何运用体育教学媒体时，需要考虑各种媒体的优化组合。传统教学过程中，过度依靠单一化的媒体方式会逐渐暴露出很大的局限性，如何使各种媒体的功能作用相辅相成，起到"1+1 > 2"的效果，以适应现代化教学进程，进而优化课堂质量，实现课堂的智能化、高效率，应当作为教学研究的重点。

（4）体现体育教学方法。体育教学方法是体育教师在教学过程中运用清晰、准确的语言，与学生交流信息，或以具体的动作示范，或将完整的知识要点或技能要点分解后进行讲解的方法，也包括学生在教师引导下，根据教学要点反复练习、主动学习的方法，只有兼顾两者的共同作用，并借助媒介辅助作用的体育教学方法，才能推动教学目标与成果的达成。

第三节　高校体育教学的德育观与方法论

一、高校体育教学的德育观

（一）体育教学德育管理的意义

高校开展体育德育活动需要教育者、受教育者，以及管理者的共同参与。高校管理者的参与是为了更好地对学生的德育活动进行有效管理，更好地契合德育活动和德育教育，更好地实现德育教育的目的，从整体上提高高校的德育质量。

1. 有助于协调学校、家庭与社会之间的关系

高校体育教学中进行德育管理有利于协调学校、家庭与社会之间的关系。影响德育管理效果的因素有很多，学校德育往往受到上至社会下至邻里、家庭等诸多因素影响。这也要求学校管理者必须着眼于社会的要求，立足学校的实践，兼顾家庭的影响进行德育管理，这样才能够达到理想效果。

在具体的操作中，德育往往受三大因素的影响：家庭、校园、社会。其中校园因素在绝大多数时候都是主要因素。作为德育管理的"主战场"，校园必须要协调好与其他外部因素的关系，争取使社会、校园、家庭携手共进，达成一致，以合力推进德育管理，达到 1+1+1 > 3 的效果。

2. 有助于协调高校内各部门与组织间的关系

高校体育教学中进行德育管理有利于协调学校内部各部门、组织之间的关系。高校对体育德育的管理是宏观地协调学校各部门、组织之间的关系。因为高校开展德育活动需要学校内部各部门、组织之间的协调配合，比如，党组织、学校工会、教务处、教导处、行政部门、后勤处、总务处、班主任、教师、学生会、共青团等。

通过各部门积极配合，对与德育活动开展有关的校内外的人力、物力、财力等教学资源进行充分利用和合理分配，辅助开展德育教学活动课外活动。高校通过宏观调控部门组织之间的协调关系，避免不必要的关系冲突，从而合理运用学校资源，顺利开展德育教育，有效地提升德育质量和效率。

3. 有助于协调高校体育德育各要素间的关系

高校体育教学中进行德育管理有利于协调学校体育德育过程内部各要素之间的关系。要真正使德育教育成果落在实处，需依赖各方配合。德育对象应是学生群体，包括个人，但不只有个人，体育德育是以个人为对象的群体教育行为。学生群体本身的复杂性也会对体育德育活动产生重要影响。此外，教师群体本身也颇具复杂性。

因此，以复杂的群体构成为对象，同时还要兼顾个体的德育活动，必然也应是复杂的综合性活动。为了使德育活动真正得到实效，就必须区分这些群体中的各个要素，并科学合理地安排每一个要素，以使其协调配合，共同推进德育活动的开展。

（二）体育教学德育管理的模式

纵观古今，体育教学德育管理有三种基本类型或模式。它们在出现的时间上有先有后，但各自都有其优点和缺点，并都在发展之中。

1. 行政型管理

行政型管理模式就是将德育放诸行政管理模式下进行。这一模式最大的特征就是强制推行体育教学德育管理。教育者和被教育者是上下级的关系，等级森严，各级言行举止有其规定范式，不得逾越。下级对上级的任何指示原则上都要无条件执行，下级几乎没有自主行动的权力。

这种模式的优缺点都比较明显，最大的优点是高效，上级关于德育的意志几乎可以毫不费力地在整个集体中推行下去。但缺点也同样明显：首先，领导人员的专业性几乎决定了整个集体德育教育的成败；其次，下级完全丧失了机动性，容易一刀切地面对不同情况，从而造成南辕北辙的效果。

2. 经验型管理

经验型管理模式在体育德育教育出现之初便存在了。与行政型不同的是，经验型的体育德育教育模式主要依赖于学校领导的经验。这种经验来源于他们的人生经历，或来源于他们的知识，可以肯定的是他们的经验一定带有主观色彩。从某种程度上来说，他们的经验也都相对固定，因而这种模式下的体育德育管理模式虽然是以主观的经验为基准，但也仍然能够呈现出相当稳固的运行模式。领导经验的适宜与否也将长久影响其治下单位的德育管理效果的好坏。

现代社会的发展已经迈入全新阶段，故对经验型管理者也提出了更高的要求。现代的经验型管理者必须兼具科学素养、人文素养、大局意识，必须对德育教育发展的方向有清晰而准确的预判，对推动体育德育教育发展的工作人员要给予足够的重视，对在体育德育教育中的各种突发情况要有足够的处理能力。

经验型管理的优势就在于管理者本身经验的可靠性。然而，缺点也非常明显，任何人的经验都是基于特定的时间、地点体验的综合体，因此都不可避免地带有这样或那样的局限。要突破这种局限，就必须懂得具体问题具体分析。

3. 科学型管理

19 世纪末 20 世纪初，诞生了一种新型管理模式，即科学型高校体育德育管理模式。科学型高校体育德育管理模式，利用科学理论对学校管理对象进行调查、测量、实验、统计、分析，并有效地分析管理过程的影响因素，从而发现管理对象和管理过程间的关联，以关联作为依据，运用科学的管理方式进行决策管理。

综上所述，行政型高校体育德育管理模式、经验型高校体育德育管理模式、科学型高校体育德育管理模式都具有各自管理模式的优势和不足，应该在高校的实际管理过程中，具体分析实际情况，结合各个管理模式的优势开展管理工作。

（三）体育教学德育管理的原则

高校体育教学德育管理原则是指导学校德育管理工作的基本要求。高校体育教学德育管理原则也是德育管理经验的科学总结和概括。

1.教育性原则

教育性原则，就是指将德育管理放置于教育体系之下，将德育管理以教育的模式在高校中推进，尽可能地扩大德育管理的教育成果。事实上，校园中的体育德育管理已经呈现出与教育过程紧密相关的现实情况。在相当多的层面，校园中的德育管理都体现出校园教育特色。例如，校园德育管理会不断接到反馈，进而进行修正、实行，再接受反馈，如此周而复始，螺旋上升。这种模式和教师不断改进自己教学方式的模式如出一辙，都非常科学。此外，就像高校教育是基于明确目标循序渐进推进一样，高校德育管理也大体会遵循这一途径。

贯彻教育性原则，需要做到以下四点要求：

（1）高校体育德育管理本身也具有德育作用，应充分发挥该作用的有效性。体育德育管理的方式、目标、管理人员的行为都具有德育教育作用。因此，高校在进行德育管理时，应该遵守：①管理的推进应该符合德育目标，管理应该以培养学生优秀品德、促进德育质量和效果为前提；②管理者要明确管理的意义，从意识和行为上积极配合德育管理；③管理应该使用正确的管理方式、方法，防止管理变成形式主义和制约学生的手段，管理者应该端正自己的思想态度，注意自己的言行，以自身为引导和榜样开展学校德育管理。

（2）管理应将规章制度和说理疏导结合起来。规章制度是指通过规范管理目标、制订管理计划、规范行为准则、规范检查等方式，宏观把控德育教育的开展过程。说理疏导是指通过教育、谈话、讲座等方式，使教师和学生明确管理的目的和意义，使教师和学生从意识上明确管理的必要性，从而在行动上积极配合德育管理。将规章制度和说理疏导结合，既从意识上保证了教师和学生理解德育管理，又从规章制度上约束了教师和学生的行为。

（3）教育应该自始至终贯穿于学校体育德育管理过程。管理的目的是辅助德育教育，所以管理的每一环节和要求都应该是为了教育而设立，管理计划、管理方式、管理实施都应该具有教育性。

（4）适当运用奖惩机制，有效发挥奖惩机制的作用。运用奖惩机制时应注意以下几点：①需要明确奖惩是管理的一种手段，不是目的；②奖惩机制应该以奖励为主，惩罚为辅，积极发挥嘉奖的激励作用；③在奖惩机制中，奖惩手段应该以精神方式为主，物质方式为辅。

2. 方向性原则

方向性指的是与党的方向保持一致。现阶段人类社会仍处于阶级社会中，德育教育也不例外。社会主义国家的德育教育毫无疑问应为社会主义建设而服务。要实现这一目标，必须坚持三点：①坚持党管德育，这是保证我国德育教育发展方向的根本遵循；②坚持马克思主义的指导地位，尽管德育教育内容复杂，但归根结底是对人进行教育、管理，必须在德育管理过程中坚持马克思主义指导思想，让马克思主义理论成为德育思想的根本底色；③坚持与党的步伐保持一致，既要保证党的领导，又要听党话，跟党走，不断修正自己的前进方向。

3. 整体性原则

整体性就是把学校体育德育教育当作一个整体，看成一个系统，将学校体育德育教育的各个要素，按照一定标准分类组合，建立联系，形成一个系统。从整体上处理系统的各种联系和矛盾。事物的存在都是对立统一、相互联系的。高校德育系统也不例外，德育的各个因素之间，也是对立统一、普遍联系的。所以，对德育有关的因素以及德育自身和外部之间的联系、矛盾，都应该从整体上联系解决，遵循整体性原则。贯彻整体性原则，需要遵循以下四个方面：

（1）将高校体育德育看成一个整体，结合社会对高校德育整体的影响，有效处理高校德育教育和社会之间的联系和矛盾。高校德育存在于社会环境的发展和变化中，德育及其管理会受到社会的变化影响。与此同时，高校德育和管理应该及时根据社会变化调整德育发展目标、发展要求、教育方法、内容和方式。除此之外，还要控制对德育造成不良影响的社会因素，更重要的是，应该培养学生的良好品德来改善社会不良风气，带动社会风气良好发展。

（2）具备全局意识。将高校视为一个整体，将德育教育视为推动高校教育全局发展的重要一环，从大局出发，立足全局，正确处理在管理过程中出现的各种问题。要做到这一点，不但要对大目标有清晰完整的认识，还要立足高校实际，此外，还应具备一定的方式方法，围绕总体目标的实现互相合作，求同存异，坚决制止推诿现象的出现。

（3）高校体育德育工作需要整体统一指挥，各部门分工合作。首先，德育活动需要管理者具有整体思维，全方位地衡量德育活动，合理有效地组织分配工作。其次，高校需要建设有力的行政指挥体系，发挥整体指导作用，把整体德育工作合理有效地分配给各个部门。再次，各个部门要有较强的执行能力，对学校管理者分配的任务努力贯彻执行，发挥组织部门的能动性。最后，各部门需要协调合作，共同完成德育目标，同时还要检查自己的工作，严格要求自身，与其他部门密切合作，整体提高德育的工作质量和效率。

（4）正确安排影响体育德育管理发展的各要素。校园无异于一个小社会，其中的人事、财务、设施、氛围，每个因素都会对德育管理产生影响。这就需要管理者对这些因素进行统筹安排，同时兼顾不同员工、不同学生实际需要的内在诉求，积极协调，使整个校园劲儿往一处使，为实现德育管理的目标努力。特别是当校园资源有限时，更要尽力保持平衡，使有限的资源发挥最大效果。

4. 民主性

民主性原则是指在高校体育德育教育过程中，管理者应该发挥民主性，与被管理者共同开展学校德育管理工作。我国始终坚持民主集中制和党的群众路线工作作风，这同样也适用于学校德育管理。在学校德育管理过程中，管理者应该明确自己是为师生服务的公仆，而不是主宰者，应该以贯彻民主性为基础，和师生共同开展德育活动，相互促进，激发彼此的能动性，通过管理促进完成体育德育教育。贯彻民主性原则，应该做到以下四个方面：

（1）发扬民主精神，以群众为依托，结合群众意见，开展体育德育管理工作。体育德育工作开展过程中，管理者要积极了解群众意见，听取群众建议，整理分析后，合理采用群众建议，依托群众改进、完善德育管理。

（2）高校体育德育管理可以吸收学生家长和社会力量。高校德育的建设离不开家庭和社会的影响，高校德育管理可以动员家长和社会共同参与。

（3）高校体育德育管理应该给师生创造参与条件，师生不仅是高校管理的管理对象，也是管理的支配者。高校德育的开展需要师生和管理者共同参与，所以高校德育管理应该给师生创造参与条件。

（4）体育德育管理可以积极动员学生力量，组建学生组织，实现学生之间的自我教育管理。高校学生数量过于庞大，管理人员数量相对少之又少，如果想实现全面管理，必须动员学生力量，在符合管理规定的基础上，发展、建立、完善学生组织，比如学生会、共青团学生组织等。通过学生组织的建立，对全校的学生开展活动教育、思想教育，实现学生之间的自主管理，让学生成为管理的主要力量。

5. 规范性

规范性就是要求在高校体育德育管理中做到照章办事。当章程或规则形成后，管理者及被管理者都要遵循既有的规定，不能逾矩。而规则本身也要体现出科学化、人性化的特征，使其能够被广泛接受而不引起普遍的反感。要做到这一点，必须要遵循以下内容：

（1）建立完善而合理的制度。若想要照章办事，那么最基本的就是先确定章程，然后才有按照章程推进管理的可能。好的章程应当科学、公正、有人情味。当然，章程的确定除了要遵循一定的原则以外，还要遵循党和国家相关的方针和政策，遵循社会普遍形成的良好规范，遵循公序良俗，并因地制宜，积极探索适宜本校发展情况的章程。

（2）构建尊重规则的校园氛围。管理者应看到校园氛围对遵守规范的重要影响。校风是在长期的实践中逐步建立起来的，是浸润全校的风气。身处校园中的每个人都深受校风影响。因此，高校德育管理者应当充分认识到校风对校园行为和观点的深刻影响，充分发挥自身在校园氛围营造、校园风气形成过程中的重要作用，帮助校园形成有助于德育管理的校园风气，进而促使校园中的人自觉遵守规则，维护规则。

（3）坚持行为导向原则。必须从规范全校人员行为入手，进行规范化教育。只有使全校师生都形成遵循规范的良好行为习惯，制度才能深入校园的每个角落。当然，规范的制定也有章可循，不同的群体有不同的遵循主体。比如教师群体，其规范主要依托于国家现有的法律法规以及国家和社会对教师的道德要求。而学生群体要遵循的规范就相对单一，主要是教育部门规定的针对学生的行为规范。只要校园里个人行为都符合特定的教育行为规范，每一项设施的每一个标准都符合国家相关建造规范和使用规范，那么行为导向原则就可以得到贯彻，促使规则化意识深入到每个人的行为中。

（四）体育教学德育管理的实施

1. 体育德育管理的实施要点

（1）明确高校体育德育目标。在实施体育德育管理时，要确立明确的目标，因为德育管理的终极目的就是实现这个目标。在目标确立后，高校应以实现目标为基础，结合高校以及学生的实际情况制订详细的行动计划，使高校有条不紊地朝着既定的步骤向目标前行。当然，在这一过程中要始终牢记，学生是德育的根本对象，对学生的理解是制定出合理德育目标的基础。不同类型的学校往往有不同的教育目标以及不同类型的学生群体，这就形成了多样化的教育目标、德育目标。

另外，对于国家和社会来说，德育目标和教育目标有相似之处，如何处理这些目标之间的关系就显得非常重要。在处理复杂关系时，大致要遵循一个原则：在总教育目标和德育目标的指导下，因地制宜制定本校教育目标和德育目标。需要注意的是，在制定本校目标时，既要立足实际，又要适度超前，让目标既有可实现性，又不至于毫无挑战性，由此才能激发师生的拼搏精神。

（2）制订体育德育计划。开展体育德育活动需要制订德育计划。德育计划制订的目的是贯彻党和国家的教育方针实现德育教育，所以德育计划是指为完成德育目的所采取的工作步骤、工作方法、工作措施的总和。换言之，德育计划是高校管理者为实现德育目标所做的行动选择。制订德育计划必须合理，计划必须有实施性，应该结合高校的具体情况合理设计各个环节，确保实现德育目标。德育计划的大致内容如下：

第一，学期（或学年）计划。学期（或学年）计划指的是整个学期的整体规划，应该在学期开始前制订学期（或学年）计划，制订的具体内容应该涵盖学生的基本情况，学习的德育任务、内容、要求，需要采取的德育措施和德育活动开展的时间安排。

第二，月（或阶段）计划。月（或阶段）计划指的是学期内每个月（或阶段）的德育计划，该计划制订的具体内容应该涵盖教育主题、具体活动名称、具体活动内容、活动所需准备工作，以及活动负责人、活动时间安排等。

第三，德育活动计划。德育活动计划是德育活动的具体规划。应该在活动开展前，制订德育活动计划，具体内容应该涵盖活动举办单位、举办名称、活动目的、活动形式、活动内容、活动负责人、活动具体时间、活动具体地点、活动进度等。德育活动具有一定规律性、系统性和稳定性，在学校教学特定时间点都要举行相应的德育活动，比如开学季、教师节、五一劳动节、六一儿童节、十一国庆节、中秋节等重大节日都需要进行相关内容的德育教育。德育教育年复一年形成了规律性，也渐渐制度化。

制订高校体育德育计划需要做到四点要求：①制定德育计划需要结合具体情况、具体实际，要认真研究学校的类型、学生的特点、学校的教育目标，结合学校特性，目的是使德育计划符合学生品德实际需求，为学生制订科学、合理、综合提升品德的德育计划。②德育计划需要合理安排德育工作分工，对不同部门提出不同任务、要求，并将所有任务具体落实到各个部门以及个人；除此之外，要明确工作进度，在制订计划时明确计划完成的时间。③德育计划进行过程中，要经常进行监督检查，综合德育成绩，发现德育问题，在发现问题的基础上，总结经验、吸取教训。

④德育计划必须要民主，要听取干部、学生、教师各方面的意见，不断地进行完善。

（3）开展高校体育德育活动。校园是体育德育教育的关键阵地，校园活动是德育教育的关键手段。因此，学校必须用有效的手段对学生进行德育教育，以期达到良好的德育效果。当然，开展这一活动并不是拍脑袋的过程，必须要在事前做好准备，同时根据实际情况的变化及时调整目标。具体而言，好的活动应当具备以下特质：

第一，具备明确的目标。毫无疑问，达成既定目标是衡量一个德育活动是否成功的根本标准。因此德育活动的一切行动或标准都应当从达成德育目标为准绳开展，并在此基础上对涉及德育活动的一切因素进行考量与安排，使其能够沿着既定目标走下去。

第二，德育活动的内容设计要科学。这里的科学有多重含义，既指德育活动必须保证有科学的方向，即顺应社会主义发展的方向，又指德育活动必须符合德育对象的实际情况，用科学的理论指导，并增加能够吸引德育对象积极参与的内容。由此，学生才能得到真正系统的德育教学。

第三，德育活动应该坚持德育原则，选择合适的德育方法和组织形式。任何活动的开展，都应该有活动原则，德育活动也不例外。在开展德育活动时，应该围绕德育原则，注意德育活动方向是否偏离、是否具有针对性、是否连贯一致、是否具有疏导性、集体性。除此之外，还应该注意选择德育方法和组织形式，在德育活动教学过程中，既可以采用室内的教学模式，又可以选择户外的活动模式、学生组织模式或社会实践模式等，也可以结合多种模式开展活动。同一种活动形式可以采取不同的组织形式，可以是组织文体活动、辩论活动、体力竞赛或自己动手做（DIY）活动。

第四，德育活动的过程应该组织连贯、紧凑有序。开展德育活动应该遵循三点：①明确德育动机，开展德育活动；②明确德育活动动机后，提高对德育的认识，陶冶德育情操，锻炼意识意志，养成德育行为习惯，每个环节步骤间应该紧密连接，从容有序；③全面认识品德知、情、意、行，在德育培养过程中，侧重对学生培养这些方面，促进学生德育全方面和谐发展。

综上所述，德育的开展离不开明确的动机，也缺不了德育环节的精心设计和环环相扣。科学合理地安排德育过程，紧凑有序地开展，合理地协调资源与人力，可以帮助德育活动顺利进行。

2. 体育德育管理的检查与总结

开展高校体育德育工作、提高德育效果效率，离不开检查与总结，具体包括：①时间点的总结，具体有平时性、阶段性、学期、学年、年终性；②事项总结，具体有全面事项总结、专题性、经验性、多项性、单向性；③人员总结，具体有领导者、管理者的自我总结和检查、组织和各部门人员的自我总结和检查。在德育工作的检查和总结中，这些类型可以单独使用或综合使用。

在检查与总结的过程中，需要注意以下内容：

第一，端正态度，明确检查和总结的目的，动员群众积极参加检查和总结，领导者和管理人员应该结合群众的检查总结，认真落实检查总结工作，拒绝形式主义。

第二，开展检查和总结工作，需要提前通知明确开展目的、有关内容，并且依照德育发展目标，公平、公正、公开地进行检查和总结，嘉奖德育工作的有效成果，指正和指导德育工作的不足。

第三，结合检查过程与总结过程，综合分析德育教学过程中的问题，重点是要找出问题、总结经验、吸取教训。

（五）体育教学德育管理的制度

体育德育应该实行民主管理，并与制度管理密切结合起来，这是高校德育管理的基本方法。体育德育管理应该制度化，并通过和运用制度进行德育工作和管理。体育德育是有规律可循的。把德育工作的科学方法和手段加以总结概括，使之形成科学、健全的制度，能使德育及其管理工作更加科学、规范、有序地进行，保证德育工作的质量并取得更大的成效。

1. 体育德育管理制度的建立

在高校德育工作的开展及管理中，应该建立有效的制度。建立制度可以从以下三方面出发：

（1）从领导的角度出发，建立岗位责任制，目的是确保学校、各级德育的负责人能够在其位尽其力；建立会议制度，目的是确保德育工作的有效研究、确定、执行；建立考核评估制度，对各级组织负责人开展德育工作进行检查、评估、考核。

（2）从学生的角度出发，应该制定学习管理制度，比如学生行为守则、行为规范、学籍管理、出勤制度、考试制度、公共设施使用制度等；建立生活管理制度，比如宿舍规定、食堂守则、作息时间、礼貌品德和道德评价等。

（3）从制度的有效性角度来看，建立奖惩制度和约束制度。建立、健全学校德育管理规章制度应该做到：①制度要求适当、内容正确、有明确的目的性、条款清楚；②制度的建立必须有相应的检查和奖惩措施，以具体落实措施来执行；③学生与教师制度的建立应该是共同的，要求也应相对应；④建立规章制度要积极吸取民众意见，强调民主性，只有建立在民主的基础之上，规章制度才能被认可和进行。

2. 体育德育管理制度的类型

（1）约束性制度。约束性制度是对教师和学生的行为具有约束性的制度。教师的约束性制度包含师德规范、请示汇报制度；学生的约束性制度包括学习守则、学生规范、生活制度等。除了约束性制度外，还有禁止制度，比如禁止考试作弊等。有约束性制度就会相应有惩罚制度，一旦师生违背了约束性制度，轻者受到批评教育，重者受到纪律惩处。建立约束性制度的主要目的在于约束学生和教师的行为，防止学生和教师出现行为偏差，并反向促进教师与学生积极进取。建立约束性制度需要结合师生的基本道德水平，还要与说理疏导结合，在以制度为保障的前提下，进行有效思想疏导，帮助学生更好地理解和遵守约束性制度。除了遵守制度之外，还要维持制度的尊严和严肃性。最后，制度需要被严格执行。

制定规章制度，使人们有章可循，这是前提，但更为重要的是执行，真正发挥它的教育管理作用。要在说理疏导、启发教育为主的原则下，严格执行规章制度，任何人违反学校制度，都要受到批评，严重的则应给予纪律处分。解决思想认识问题主要应采取说理疏导、启发自觉的方法，但它并不能解决一切问题，特别是行为问题，管理、纪律以及对违章、违纪行为的惩处，这在任何时候都是不可缺少的。执行纪律，进行惩处，本身也是一种教育手段，可起到警醒人们思想并警戒行为的作用，使说理疏导取得良好的效果。

对于学生的处理，由于身体或学习成绩不及格等原因，在学籍管理方面受到留级、退学、肄业处理的，这属于高校行政管理范围，因为品德行为方面违反校纪而受到学校处分的，这属于高校德育管理范围。这两种处理在性质上是有区别的，但要做好说服教育工作。对于执行制度，进行纪律处分，应该旗帜鲜明，是非清楚，目的明确，客观公正，适当及时。对于处分要慎重，要留有余地，发现处理错了要及时纠正。

（2）激励性制度。高校体育德育教育和管理工作需要激励制度。激励制度可以为教师和学生树立德育榜样，通过树立德育榜样，引领教师和学生向榜样学习，树立自觉意识，积极向榜样靠拢。激励性制度的运用是奖励机制。在评选优秀榜样时，应该以高标准、严要求进行评选，评选标准要具有时代特征，评选过程要实事求是，并要遵循民主评选原则。

除此之外，评选奖励应该结合物质与精神两种方式，以精神奖励为主，物质奖励为辅。建立、评选激励性制度的全过程要以引导教师和学生积极努力向上奋斗发展为目的，激励性制度的实施需要领导者做榜样，言传身教。

二、高校体育教学的方法论

（一）体育教学方法的内涵

教学方法就是指实现体育课程教学目标由师生共同完成的一切教学活动和教学方式的总和。"高校教育离不开体育教学，它是高校教育的重要组成部分，好的体育教学方法不但可以提高体育教学质量和水平，而且还可以激发学生进行体育锻炼的热情，提高学生的综合素质和身体素质。"[①] 体育教

---

① 董奎.高校体育教学方法探析与研究［J］.科教导刊－电子版（下旬），2018（11）：225.

学方法是由一系列行为组成的一个操作系统，具体包含了教师和学生两个层面的操作体系。可以从以下方面来对高校体育教学方法进行理解：

第一，高校体育教学方法是师生动作和行为的总和。体育教学方法的贯彻与实施需要师生之间的互动，互动又是通过语言、动作和行为来实现的，因此可以说体育教学是师生的语言、动作和行为的综合体。具体而言，学生要掌握体育运动的理论知识或者是某种运动技能，都必须要经过体育教师的讲解、示范、纠正等；在此基础之上，学生进行反复练习也是一种行为上的体现。

第二，高校体育教学方法和教学目标不可分割。所有体育教学方法的应用都是带有一定目标性的，没有目标作为指导，一切方法都将失去存在的意义。同样地，体育教学目标和任务必须要通过教学方法作为中间媒介才能够得以实现。

第三，高校体育教学方法是"教"与"学"的统一。好的体育教学方法是教与学的统一体，也就是说，教师和学生之间只有通过相互的有效互动，形成一种沟通的桥梁，才能真正发挥出体育教学方法的作用和价值。我们可以从两个层面来理解体育教学内容和相关的体育教学活动：教师的"教"与学生的"学"。教师作为教授知识的主体，其选用的教学方法和手段都是以学生为对象的，学生对于知识和技能的掌握及其理解能力的提升是教学活动开展的重要契机；对于学生而言，他们只需要紧跟教师引导的步伐，积极参与学习和互动的实践，与教师建立紧密的沟通和联系，以获得更大的进步。因此，只有将教与学切实贯穿于教学的整个过程，积极促进教师与学生之间的互动与交流，才能够真正实现体育教学的任务和目标。

第四，高校体育教学方法的功能具有多样性。现代教育理念赋予体育教学多样化和丰富化的功能。现代体育教学既关注运动技能的掌握、身体素质的提升，又强调学生素质的全面提升。

（二）体育教学方法的层次

（1）体育教学策略。在体育教学方法的各个层次中，教学策略处于

"上位"。教学策略实际是教学方法的组合，是教师将多种手法和手段组合在一起进行教学的行为方式。体育教学策略的优劣主要体现在单元和课程的设计思路和方案的设计上。例如，作为一种广义的教学方法，发现式教学法就主要是模型演示法、提问法、讨论法、归纳法等传统意义上的教学手段的有机组合。

（2）体育教学方法。在体育教学方法的层次系统中，教学方法处于"中位"。它与传统意义上的教学方法基本相同，是体育教师为达到一定教学目标运用教学手法进行体育教学的行为与动作的总和。体育教学方法通过一种主要手法的运用来进行教学的行为方式。例如，提问法的具体方法就是为检验学生对知识的掌握状况，还可以激励学生积极参与课堂互动和对问题的思考。体育教学方法其实也是一门"技术"，通常应用在某一教学步骤中，而且会由于教师的教学风格的不同而呈现出不同的特征。

（3）体育教学手段。在体育教学方法层次中，教学手段处于教学方法"下位"的地位。它是传统意义上教学方法的一个部分，也可以将体育教学手段理解为一种"教学工具"，即在某一个具体的教学步骤中可能会采用各种教学手段来协助教学课程的顺利完成。

（三）体育教学方法的类型

1.传统体育教学方法

（1）传统体育教法。

1）语言教学法。语言教学法是指教师通过语言方式来描述体育知识、文化、动作要领、技术构成、教学安排等一系列活动要点的方法，学生通过对教师语言的理解，逐步掌握知识要点。

第一，讲解教学法。讲解教学法是指教师通过讲解来展开教学活动内容。讲解法一般用于体育理论的教学，讲解教学体育教师需要注意学生所处的认知能力和知识水平。如果讲解的深度和难度超出了学生认知能力的范围，使大部分学生感到难以理解，则说明教师阐释的方式或者选用的教学内容不适合学生。讲解法的使用要点，见表1-1。

表 1-1　讲解法的使用要点

序号	要点内容
1	明确讲解的内容和目标，讲解过程要突出讲解内容的重点和难点；讲解要有较强的目的性和针对性，也就是说在讲解之前就已经预设好讲解将要达到什么样的效果，以便于在讲解过程中对课堂的整体方向有所把握
2	保证讲解内容的准确性。教师要有科学严谨的教学态度，高度重视讲解内容，尤其是体育历史文化、专业术语的解释、技能方法的描述要准确到位
3	注意讲解的形式要简单明了、生动有趣。任何烦冗拖沓、枯燥乏味的内容都容易让人产生厌倦的感受，因此教师要善于利用图片、视频与语言讲解相配合，同时采用多样化的表达方式，将知识点描绘得更加形象自然，加以肢体动作，以促进学生对语言描述的理解
4	讲解要由表及里、易懂易学。对于同样的知识点，不同的教师进行教学的效果往往会产生一定的差异，产生这种差异性最主要的原因之一就在于教师对于引导学生进行理解的方式。优秀的、有经验的教师往往更善于通过对比、类比、递推、递进式提问等形式来启发学生的想象思维和主动思考，促进学生对知识的敏感性，能够发现知识之间的内部联系，并形成自我认知能力和属于自己的知识体系，并且能够灵活地完成对知识要点的迁移
5	注重讲解的知识在逻辑上的先后顺序以及它们之间的内在关联性，以便于学生能够更快地完成对知识的掌握，并形成较为稳定的知识体系

　　第二，口头评价法。作为体育教学中的教学方法之一，口头评价是最为快速和直接的一种评价和提醒。它不拘泥于某个具体的时间点和地点，既可以在课堂中进行，又可以在一节课结束之后，体育教师对学生的学习和练习以及获得的学习效果进行简要的、概括性的点评。口头评价可以按照评价的性质分为积极评价和消极评价两种，见表 1-2。

表 1-2　口头评价的类别

类别	具体内容
积极评价	带有肯定、表扬和鼓励性质的评价
消极评价	由于学生的表现不够理想，具有一定批评和鞭策作用的评价。由于该评价是以批评为主，因此教师要尤其注意沟通的技巧，注意措辞的方式，就事论事，既要让学生充分认识到自己的不足之处，又要保护学生的自尊心，不能打击学生的自信心，而是要让他们扬起更进一步的风帆，迎头赶上

　　第三，口令、指示法。口令、指示的语言凝练，短促有力，因此在体育教学的实践中，教师可以适当通过口令指示给予学生一定的知识，这种方式尤其适用于体育教学中的动作教学。口令和指示法的应用要求，见表 1-3。

表1-3 口令、指示法的应用要求

序号	应用要求
1	教师应发音清晰、声音洪亮
2	注意使用口令法和指示法的时机
3	注意口令和指示发出的语速和节奏，太快了学生跟不上，太慢了会削弱其力度和有效性

2）直观教学法。直观教学法是通过给予学生的视觉等感官刺激来促使学生对体育知识产生深刻了解，直观教学法的优势和特点是直接、生动、形象，因此产生的效果往往也更具有震撼力和持久性。体育教学中有以下最为常见的直观教学法：

第一，动作示范法。动作示范法，就是指在体育教学中，教师通过对教学内容的动作示范，来帮助学生熟悉动作的结构和动作的要领，同时对该技术动作有一个整体上的、比较形象化的了解。动作示范教学法的使用要点，见表1-4。

表1-4 动作示范教学法的使用要点

序号	要点内容
1	明确示范目的。在示范之前，要明确示范的目的是什么，通过动作的展示，要使学生达到什么样的学习效果。进行动作示范之前，要知道示范的目的是什么，要展示什么
2	动作的示范要标准连贯。因为教师的演示就是学生学习和模仿的参考，所以教师的示范必须要正确，否则一旦学生形成错误的动作习惯，对其后续的学习会带来许多麻烦与不便
3	注意要选择合适的示范位置和角度。这样做的主要目的是要使所有的学生都能清晰地观察到动作示范，从而对技术动作产生一致性的、准确的理解和认识。为了实现该目标，教师可以选择从多个角度来进行多次示范等方法
4	将示范与讲解相结合。通过示范、讲解两种方式的配合，调动学生的听觉、视觉和触觉等多个感官的功能，使学生对于技术动作有更为深刻的理解和认识

第二，教具与模型演示。利用教具和模型等实际物体来辅助体育的教育教学，使学生对于技术结构的理解会更加简便和轻松。教具与模型演示的使用要点，见表1-5。

表1-5　教具与模型演示的使用要点

序号	要点内容
1	根据教学内容，需要提前将教具和教学模型准备好
2	教具、模型的展示要全面到位。尤其是对器材进行具体介绍和讲解的时候，可以让学生近距离地观察和体验
3	使用过程中要注意保护教具与模型，使用完之后要小心地收纳到指定容器内，并放置到安全的地方以防损坏

第三，案例教学法。案例教学法就是在体育教学中用反面对比和类比等方法来列举例子，让学生能够更好地理解所教授的内容。案例教学法的应用要求，见表1-6。

表1-6　案例教学法的应用要求

序号	应用要求
1	例子的选取要适合，确保能够产生目标要达到的加强、对比等方面的作用
2	选取有关战术配合的案例时，其案例的分析要尽量详尽一些，并且要注意从攻和守两个角度来进行分析

第四，多媒体教学法。多媒体教学方法在现代体育教学中的使用越来越广泛，与传统的板书教学最大的区别和优势在于：多媒体教学可以形象生动地将教学内容展示出来，通过动画和视频演示、慢放和定格等操作，可以将每一个动作的每一个重点和细节都进行精准地定位、展示和分析，从而使学生对动作技术有更加快速、清晰、深刻的认识，这是传统的肢体示范和口头讲解都无法实现的。多媒体教学法的运用需要多媒体教学设备等硬件条件的支持，也需要教师具备多媒体操作技能作为软件方面的支持。

3）完整教学法。完整教学法在体育教学中有着较为广泛的应用，其主要应用于教学实践课，重点强调体育教学过程中要完整地、不间断地对整个技术动作的过程进行展示，使学生从整体上产生对动作的整体概念和印象。完整教学法在体育教学中的应用，有以下要点需要引起注意：

第一，完整展示要及时。也就是说，在通过语言讲解之后，要尽快进入整体展示的阶段，保持学生在认知上的连贯性，在语言讲解和整体展示连续的、双重作用下，促进学生对技术动作有一个正确的把握。

第二，前期的动作练习要适当降低难度。对于难度系数稍大的动作，教师可以先降低动作的难度和要求来引导学生完成完整的动作流程，然后逐渐增加难度，待学生比较熟悉动作流程之后，再按照标准动作的要求来完成整个动作的学习和练习。

第三，要对动作的各个要素进行全面的解析，而不是仅局限于将动作连续地展示给学生看。这里的动作要素主要包括动作的发力点、支撑点、用力的方向、大小以及所有影响动作标准的细节因素。

4）分解教学法。分解教学法是与完整教学法相对的，更适合于高难度的运动项目。分解教学法的主要优势是分步教学，将原本很复杂的动作变得更容易理解和模仿，从根本上降低了技术动作的难度。具体来说，分解教学法的应用，需要注意以下方面：

第一，学得选择技术动作分解的节点，不要破坏整个动作的连贯性。

第二，注意依次教学和加强衔接练习。对于分解后的各个部分要按照其先后顺序进行练习，之后还要将各个环节的衔接处结合到一起，并对此做专门的强化练习。

第三，将分解教学法和整体教学法结合运用，可以获得更好的教学效果。

5）预防教学法。学生的体育学习和教师的体育教学一样，也是一个开放性的过程，因此其受到各种因素干扰的可能性较大。除此之外，学生的理解能力、认知水平、身体的协调性和体能素质等各方面的条件也存在较大的差异性，要求所有的学生都能够迅速掌握体育知识和动作的要领显然是不现实的。在学习的过程中，学生不可避免地会出现各种各样的错误，这就要求教师要注意观察学生的动作练习情况，总结出其中的规律性，指出错误发生的根本性原因并予以纠正。预防教学法正是针对学生的错误认知、错误动作这种现象而提出的一种具有预防、阻断效果的教学方法。应用预防教学法有以下要求：

第一，体育教学中，在前期讲解过程中要不断强化正确的认知，并对易于出错的地方予以强调，避免对动作的理解产生歧义和不正确的认知。

第二，教师在正式上课之前要对可能出现问题的地方进行预估，然后设计出一套比较完善和高效的解决方案，这样可以节约上课时间，提高教学效率。

第三，可将口头评价的教学方法综合运用到实际教学过程中，提示学生在关键的时候不要犯错误。

6）纠错教学法。纠错教学方法是指在实际的教学过程中，教师发现学生发生了在理论认识和动作练习上的错误之后及时纠正的一种教学方法。其中动作错误主要体现在对于动作理解上的偏差而导致的错误，或者是由于不够熟练而达不到标准的技术动作。针对不同的情况，教师要对此加以分析，从而采用不同的引导方式。纠错教学法有以下具体的应用要求：

第一，纠错时，要反复重申正确动作的关键要点，要使学生真正明白错误动作产生的原因在哪里，这样才能帮助他们及时改正，而且不会出现重犯的现象。

第二，必要的时候，可以使用一定的外力帮助学生对技术动作形成正确的本体感觉。比起预防性的措施，纠错具有较强的针对性，因此教师必须要能精准分析错的源头，才能给出最为合理和有效的解决方案。

7）游戏教学法。游戏教学法指教师通过游戏娱乐的方式促使学生掌握体育知识要点。该教学方法应用比较广泛，可用于各学习时期，尤其适合于低龄的学生。其最大的优势在于可以极大地调动学生的学习积极性。在进行游戏教学法的过程中，需要注意以下方面：

第一，注意游戏的设计及其所涉及的行为方式、思维方式都应当与所教授的内容具有较高的相关性。

第二，游戏的设计和选择要注意学生的兴趣和偏好。应选择学生感兴趣的内容、方式。

第三，在游戏开始之前，教师要讲清楚游戏的规则和游戏的目标是什么。注意游戏规则、目的的讲解。

第四，在开展游戏的时候，鼓励学生要尽力而为，队友之间要形成良好的合作。

第五，在游戏过程中，教师要扮演好"警察"的角色，对于犯规的学生要给予一定的"惩罚"。

第六，游戏结束后，体育教师要问问学生的感受如何，同时对学生的表现给予中肯、全面的评价。

第七，在整个游戏教学的过程中，教师要提醒学生注意安全，提醒并禁止具有安全隐患的行为。

8）竞赛教学法。竞赛教学法就是通过组织各种比赛来促进体育教学的一种方法。竞赛教学法可以提升学生各方面的综合能力，是一种比较理想的训练方法和教学方法。比赛可以增加学生运动技能的实践经历，使那些高难度的动作和战术不再只是纸上谈兵，同时还可以锻炼学生的团队协作能力，以及面对突发状况的心理调适能力和应对问题的能力。竞赛教学法是体育教学当中具有特殊优势的一种教学方法，对于提升学生的心理素质、竞技水平以及他们的身体素质都有着不可取代的重要作用。关于竞赛教学法，其应用有如下注意事宜：

第一，具有明确的目标。一般是通过竞赛提升学生相关运动项目的技能水平。明确竞赛目的。通过足球运动竞赛切实提高学生的足球运动技能水平。

第二，合理分组。各个对抗队的人员实力要处于不相上下的水平，这样才能通过激烈的竞争获得共同的提高。

第三，客观评价。教师要密切关注学生在竞赛过程中的表现，既要从整体上把握，又要看细节的处理，只有做到这一点，才能给学生以最客观和中肯的评价，从而使学生能够清晰地意识到自身的优势和不足，促进他们获得进一步的提升。

第四，竞赛教学法的前提条件是学生对于运动项目有一定深度的理解，并且已经熟练掌握相关的技术动作，这样可以有效避免由于不熟练带来的运动伤害。

对于每一位体育教师而言，不能仅限于某一种教学方法，而是应当不断地尝试和学习新的教学方法，并结合教学的实际情况科学、灵活地选择和组合。这样可以显著提高体育教学的质量。

（2）传统体育学法。

1）自主学习法。自主学习法是指学生主动发现、分析、探索，独立自主地进行体育学习的方法，但这并不意味着学生可以完全脱离教师的指导，而是要在教师引导下开展的自主性学习活动。体育教师指导学生进行自主性的体育学习，应当要注意以下方面：

第一，难度要适当。由于是自主性学习，学习过程以学生自己思考与探索为主，这对于学生来说并不是一件轻而易举的事，因此教师要注意根据学生的年龄阶段、认知特点，为学生选择难度适当的学习内容，保证具有一定的挑战性，但又不至于无法完成。

第二，明确学习目标。教师要为学生的自主学习制定一个清晰的学习目标。通过这个学习目标，学生要清楚地知道自己要完成的任务是什么，通过自主学习学生需要解决哪些问题，以及要达到什么样的水平。

第三，学生要参照学习目标，在学习过程中学会自我调控：①对学习过程有一个整体的把握；②学会积累各种学习方法，并思考学习方法与运用场景之间的联系；③有创新思维，在对具体情境进行较为客观的基础上将已有的知识进行迁移和组合，从而创造出专属于自己的新策略。

第四，教师要对学生的自主学习给予适当的辅助与引导。学生的自主性学习并不是放任不管的无组织的学习，相反它更是一种有计划、有目标的学习过程，在这个过程当中，教师要关注学生的学习进度，如果出现不妥当的情况，学生的学习路径或思考方式与学习目标发生偏离就需要及时给予纠正。

2）合作学习法。合作学习法就是指在学习的过程中强调合作的重要性，强调学生之间的相互帮助和配合，通过合理地划分工作任务和相应的责任，最终能够共同圆满地解决问题。达到教师所设定的学习目标，完成教师布置的学习任务。

第一，确立学习目标，通过该合作式学习，预期要达成的效果是什么，要重点培养学生在哪方面的能力。

第二，将全部的学生分成实力相当的小组，依据任务特点，注意将不同性格、性别、特长的学生合理搭配，以促使学生之间相互取长补短。

第三，确定小组研究课题，引导学生合理地进行组内分工，并探讨如何提高全组的学习效率。

第四，完成小组学习任务。

第五，各个小组之间进行学习和交流，分享各自的经验心得，通过交流和分享，各个小组可以相互学习，发现自身优势和不足。

第六，教师关注、监督和评价学生学习的过程，并帮助学生一起做好学习的总结。

（3）传统体育练法。

1）重复训练法。重复训练法就是通过不断重复进行某一个训练内容来提高身体素质和运动技能的一种体育学习方法。重复训练法的核心和本质就是通过重复性的动作使得某一固定的运动性条件反射不断地得到加强，使得身体产生一种固定的适应机制，进而使学生实现对技术动作的掌握。

第一，重复训练法的类别划分。一般来说，重复训练法有两种分类方法：一种是按训练时间的长短；另一种是按照训练方式来划分的，见表1-7。

表1-7　重复训练法的类别划分

划分依据	训练方法
训练时长	短时间重复训练法（低于30秒）
	中时间重复训练法（0.5～2分钟）
	长时间重复训练法（2～5分钟）
训练方式	间歇训练法
	连续重复训练法

第二，重复训练法的应用要求，具体见表1-8。

表1-8　重复训练法的应用要求

序号	应用要求
1	同一动作的反复练习容易使学生产生枯燥和厌倦之感，因此教师要关注学生的情绪变化，并适当地给予调节
2	注意训练动作的规范性，同时还要注意训练的负荷
3	强调技术动作的正确练习，如果学生连续出现错误动作应停止练习，防止错误强化
4	科学确立学生训练的负荷、强度和频率，要依据运动项目的特征和学生的实际情况来设定

2）持续训练法。持续训练法就是无间断地、持续地进行某项身体练习的训练方法，其前提要求就是要保持一定的负荷、强度和运动的时间。

第一，持续训练法的划分依据。持续训练法的分类方法可以根据训练持续时间来划分，具体见表1-9。

表1-9 持续训练法的类别划分

划分依据	训练方法	
训练时长	短时间持续训练法	
	中时间持续训练法	变速持续训练
		匀速持续训练
	长时间持续训练法	

第二，持续训练法的应用要求，具体见表1-10。

表1-10 持续训练法的应用要求

序号	应用要求
1	持续训练法，既可以用于单个技术动作，又可以用于组合性的技术动作
2	在训练开始前，应向学生介绍具体的训练内容及其顺序安排，同时提醒需要注意的要点
3	持续训练过程中，体育教师要提醒学生注意训练动作的质量，并对动作的质量做出具体的要求，这样才能使持续训练获得比较好的效果

3）循环训练法。当训练内容较多的时候可以采用循环训练法。其具体操作就是将这些训练的项目先按照一定的原则进行排序，依次完成之后回到最初的任务开始训练，不断重复所有训练内容。循环训练涉及不同的训练内容，因此在一定程度上可以增强学生对于体育学习的积极性和主动性。

第一，循环训练法的类别划分。循环训练法可以按照运动负荷和训练的组织形式来划分，具体见表1-11。

表1-11 循环训练法的类别划分

划分依据	训练方法	
运动负荷	循环重复训练法	各训练站点之间间歇时间没有严格规定
	循环间歇训练法	各训练站点之间间歇时间有明确规定
	循环持续训练法	各训练站点之间是连续性的，几乎没有间歇时间
训练组织形式	流水式循环	按一定的顺序一站接一站地周而复始
	轮换式循环	各学生在同一时间点上练习的内容不一样
	分配式循环	先在站中练习，然后依次轮换练习站

第二，循环训练法的应用要求，见表1-12。

表1-12　循环训练法的应用要求

序号	应用要求
1	找出各个训练内容之间的内在逻辑和规律，合理安排它们之间的顺序
2	训练不能急功近利，而是要循序渐进，一般情况是先练一个循环，坚持训练两到三周后再增加一个循环，这样学生就有一个适应的过程
3	注意一次训练不得超过5个循环

4）完整训练法。完整训练法，指在整个训练过程中只完成某一个动作、某一套连贯动作或者某一个技术配合，其最显著的特征是整个训练过程流畅自然、一气呵成。完整训练法的应用要点如下：

第一，完整训练法比较适合于单一技术训练。

第二，如果是针对复杂的技能训练，就需要学生具有良好的基本技能基础。

第三，在战术配合的完整训练中，教师要在战术的节奏、关键环节的把握等方面做适当的指导。

5）分解训练法。分解训练与完整训练是相对而言的，是从训练内容的各个阶段和环节出发，对其中的每一个部分做精细化的研究和训练，并做到各个击破，最后达到整体掌握的目的。

第一，分解训练法的类别划分及特征，见表1-13。

表1-13　分解训练法的类别划分及特征

类型划分	训练方法
单纯分解训练法	把训练内容分解成若干部分，然后分别练习
递进分解训练法	把训练内容分解成若干部分，依照规律有序练习
顺进分解训练法	训练内容分解后，先训练第一部分，再训练第一、第二部分，再训练第一、第二、第三部分……
递进分解训练法	与顺进分解训练相反，先训练最后一部分，再将前一个训练内容叠加训练

第二，分解训练法的应用要求，见表1-14。

表 1-14　分解训练法的应用要求

序号	应用要求
1	科学分解，对于浑然一体、联系紧密的部分不能强行割裂
2	对各个部分要做精细化的研究，以便于达到训练动作的精细化、标准化
3	熟练掌握各个分解部分之后，要进行完整练习加以巩固

2. 新型体育教学方法

（1）娱乐教学法。增强学生体质是学校体育教学积极效应的重要方面，但是在现实的教学过程中，仍然有相当一部分学生对体育课堂的学习显得不感兴趣，所以不能积极主动地参与到体育活动当中来。

因此，为了激发出学生对体育课的兴趣，更好地焕发出体育运动本身具有的独特魅力，就必须要改变过去单一的教学形式，积极采用娱乐教学法，重新编排和组织体育教学内容；在娱乐教学过程的设计上，体育教师也需要下功夫，积极探寻每一堂课教学内容当中的娱乐性成分和娱乐性元素，或者考虑如何将娱乐性元素如游戏、音乐、竞赛、趣味性道具的使用等穿插到体育教学过程当中。这样的做法会给教师的工作带来一定的负担和压力，但可以充分展现出体育教学内容的丰富性和趣味性，当学生的学习兴趣提高了，学习效率才会随之得到提高。与此同时，在该方法的使用中要避免走纯娱乐的另一个极端，如果失去了培养学生强健体魄和学习能力的本质任务的把握，那将是得不偿失的。

（2）成功教学法。成功教学法就是按照学生的接受能力，将教学的技术动作的精华部分提炼出来，适当降低其整体的难度，鼓励学生凭借自己的意志力和理解能力顺利完成动作的学习。在该过程中，学生通过对技术动作的顺利完成体会到成功给自己带来的舒畅感和快乐感，这是任何外来的鼓励都无法比拟的。由此，学生对于体育学习的信心大增，坚信自己可以学习好其他的体育运动技能。

在一些对于体育学习丝毫不感兴趣的学生的了解中，发现相当一部分学生是由于自己的体育运动表现不够好，与其他同学比起来差距较大，由此内心对体育课程的排斥心理就越来越严重，而通过成功教学法可以重新燃起学生对于体育学习的信心，培养他们坚韧不拔的意志品质，形成正确的学习动机，这对于运动技能的提升是非常有益的。

（3）逆向思维教学法。逆向思维教学法是指与常规思维相反的思维方式来开展教学活动的一种教学方法，从常规的思维角度来说，教师一般都会比较习惯按照技术动作自然发生的顺序来进行体育教学，但有时候按照反常的程序来教学反而可以取得更好的教学效果。例如在跳远的教学中，可以先教起跳，然后教助跑和落地动作；标枪的学习，可以先教投掷动作，再教助跑，最后将各个部分组合到一起，做完整练习。此类教学有一个共同点就是把最难的部分放在最前面来学习，这部分动作的正确与否对运动项目的比赛成绩起到决定性的作用。

在体育教学实践中，教师经常会发现学生总是学不会一个看似很简单的动作技能，尤其是当这种问题呈现出普遍性特征时，教师就需要用逆向思维来看待这些问题，因为很有可能问题不在于学生的"学"，而在于教师的"教"，如果教师能够及时地反思教学中是哪个环节出现问题，还是整个教学方式的选用不适合。这种"反思"其实也是逆向思维教学法的一种体现。

（4）探究教学法。探究教学法就是指教师着意引导学生在教学过程中发现问题、分析问题，最终提出可行性方案而解决问题的一种教学方法。通过该教学方法，学生在探索和分析的过程中，不知不觉地掌握了相关的知识和技能，同时培养出了高超的洞察力和知识迁移的能力。探究教学法符合现代教学教育理论以及以学生为主体的教学理念，因此越来越受到体育教师的重视。在探究教学法的应用过程中，要注意以下问题：

1）目的要明确。教师要提前确认研究计划，确保体育教学目标的实现。探究的目标模糊或者实际的教学与探究的目标相背离，会造成无效的教学，浪费师生的时间和精力。

2）探究的内容和主题，要和学生的运动水平以及他们的认知能力相一致。教学内容太简单，学生会感到没有激情和挑战性，继而产生无聊的感觉；内容难度设置太过于高深，又会打击学生对于体育学习的自信心。因此教师要深刻理解这一点，引导学生做难度适中的探究性学习。

3）对于一些难度偏大的探究性客体，学生通过努力仍然没有较为理想的思路时，教师要适度地启发和鼓励。

（5）微格教学法。微格教学法指的是一种为了将枯燥的体育理论知识变得形象生动更具有吸引力，而采用一定信息化技术手段的教学方法，具体而言就是利用录像、音频等手段建造一种可操作、可调控的体验系统，学生通过该体验系统进行体育理论的学习，可以对体育知识和动作技能产生清晰明了和感性深刻的认识，从而大大提高他们的体育运动技能。在体育教学中，使用微格教学法的具体步骤如下：

1）提前准备好课件。教师需要在课前对视频进行剪辑处理，并制作成教学课件，以应用于体育教学，将信息化技术应用于体育教学可以使教学内容更加丰富和形象，这对于调动学生的学习主动性具有积极的促进作用。

教师在讲解了基本体育理论知识之后，将视频或音频课件向学生展示出来，通过这些具有感性化的视听材料，学生对于体育知识和动作技能的理性认识会逐步加深，从而可以从根本上提升学生的体育运动技能。例如，在篮球技术的教学过程中，教师可以在上课之前搜集一些著名的篮球明星是如何完成这些技术动作或者战术配合的，然后将其剪辑成教学课件，学生通过这些视频，对技术动作进行深刻理解，加上是有关自己敬仰的篮球明星的"示范"，这对于提高他们的信心和信任度都是极为有利的。

2）以学生为主体，安排教学内容。这里主要是指教学内容要考虑到学生的发展方向以及关注学生本身的兴趣所在。一方面，微格教学在教学内容的选择上应当要有针对性，要着重培养学生将来的专业或岗位所必需的素质和能力；另一方面，教师也要注意学生的时代特征和个性化特征，尽量选择具有典型意义和在学生群体中普遍受欢迎的体育教学内容。与此同时，体育教师还要注意在体育教学过程中给学生留下一定的思考时间和空间，引导学生做进一步思考和探讨，让学生在和谐、温馨、互助的学习氛围中感受到体育学习的乐趣和意义所在。

3）在实际的教学实施中，可以将播放视频和让学生反复训练两种方式交替进行，具体流程如下：

第一，在进行教学示范时，教师可以通过播放高水平运动员的示范录像，方便学生形成技术动作的感性认识，以便于模仿训练。

第二，老师在采用微格教学法时，还可以结合多种体育教学方法，比如选择用直观教学法和分解教学法，可以强化学生对于体育技能的理解和训练。

第三，老师安排学生进行训练，当完成一个阶段的训练之后，教师安排所有的学生分批进行演示，同时拍摄演示的视频。

第四，师生一起观看学生的演示视频，针对各个小组和队员的动作技能演示情况，师生一起展开分析和讨论，然后教师要对学生训练的结果做出客观的评价，指出训练过程中出现的错误动作，并及时纠正。

微格教学法用于体育教学还有一些需要注意的细节问题：在教学过程中，体育教师可根据体育教学的实际情况选用慢镜头或者回放，以便学生能够看得更加清晰明了；通过自己的演示视频，学生可以自行将其与标准动作做比较，从而很容易就找出自己的问题所在；通过师生评价以及教师的指导，学生可以在分析和比较中，找出问题的原因及其解决办法。

4）课程结束后，体育教师可以反复观看教学视频，对教学过程中的不足之处进行优化，同时通过微格分析处理，也可以达到一定的优化效果。

（6）情境教学法。情境教学法是指在教学过程中，教师有目的地引入或创设具有一定情感的、形象化的、具体化的场景，能够引起学生一种积极的反应态度，并吸引他们自觉投入，积极参与学习活动的一种教学方法。情境教学法的主要优势是可以促进学生对于教材的理解，促进学生健康心理素质的形成；激发出学生对于体育学习的热情，从而主动、快速地接受教师教授的知识，同时学生的学习效果也会获得较大幅度的提升；情境教学法还可以使学生体验到体育学习带来的快乐和成就感，而且情境教学法多与多媒体教学法相结合，丰富多彩的多媒体画面还可以提升学生的审美情趣，陶冶高尚的情操。体育教学中的情境教学法，可以采用以下策略提高教学的效果：

1）充分利用游戏。体育教学是以身体活动为主要内容的教学，这无疑在客观上为学生的"玩"提供了较好的机会。因此，在体育课堂中必须要充分注意体育教学的娱乐性，在创设具体的教学情境时可以适当引入多样化的游戏内容，激发出学生的学习兴趣，激励学生在体育学习和练习的过程中克服各种心理障碍，学生在挑战成功之后将会逐渐形成稳定健康的体育价值观，从真正意义上上好体育课。

在障碍跑的课程学习中，经常会有学生由于胆子小、害怕磕绊、害怕摔倒，不敢进入实战阶段，导致课堂教学无法顺利进行。因此，针对该情况，教师可以在障碍跑的终点处设立一个领奖台，鼓励学生为了拿到奖品努力克服面前的困难。在游戏结束后，对于那些能够克服心理障碍、努力达到目标的学生，教师要予以表扬，对于不够规范的动作要及时纠正。通过这样的方法，学生克服困难的能力得到锻炼，参与积极性得到提高，同时他们动作的准确性也得到了提高。

2）教学情境创设与音乐相结合。音乐、体育和美术是相通的，这主要是说它们都具有一定的艺术性，具有较高的美学内涵。尽管如此，在实际的体育教学中，这一点好像经常被遗忘。情境教学就是体现体育教学艺术美的较好方式之一，同时也要注意将音乐等元素引入情境教学，这样可以发挥出情境教学的实际作用。

同样的训练内容没有音乐和加上音乐的配合获得的教学效果是完全不一样的。有音乐配合的体育训练，使学生置身于音乐美的环境中，此时的体育训练不再是一种负担，而是变成了一种美的享受。此外，音乐的选择也很重要，在身体训练时可以选择激情一点儿的音乐，促使学生保持较好的精神状态；当训练完毕需要休息的时候则应当选择一些比较舒缓放松的音乐，使学生的身体和心情得到全面的放松和休息。

3）运用语言创设教学情境。在传统课堂，也有教学情境创设，并且也取得了不错的效果，这主要是因为课堂语言具有独特的魅力，体育教师可以通过生动的、丰富的、具有鲜明特色的语言表达方式和风格将教学内容故事化、情节化、夸张化，语言表达中的情境，同样可以给学生带来美好的学习体验。

因此，在体育教学的过程中，教师要记得语言也可以创造出有意思的、独具一格的教学情境。同时，体育教师也要注意转变固有的思想观念，不断创造出具有新意的情境教学模式，从而促进体育教学事业能够不断地向前发展。

（7）分层教学法。分层教学法是指在实际的教学中，由于学生的学习基础以及自身的认知能力处于不同的水平，故而设定不同层次的教学目标和教学任务，以防止有的学生"吃不饱"，而另一部分学生又学不会的现象出现，同时还可以大大提高整体的教学水平。因此，分层教学法极具针对性，是一种非常有效和实用的新型教学模式，所以我们要对传统的教学模式进行改革，适时运用分层教学法，这样才能有效提高体育教学的整体水平，促进学生迅速、全面、健康地发展。在体育教学中使用分层教学法需要注意以下方面：

1）对教学对象进行分层。在分层教学法中，首要任务就是将所有的教学对象进行科学合理的分层，要实现这一点，教师可以通过体能测试等办法来了解学生的综合体质，还可以通过问卷咨询、实际练习和竞赛的方式来测定学生的运动技能水平层次，只有对学生的情况都考察清楚并以此为依据，才可以对学生实施分层教学。在分层教学的过程中也要注意观察学习的进度以及学生对知识和技能的吸收情况，同时还要和学生保持沟通，倾听学生的心声，及时调整教学方案。当然也可以按照其他要素和标准来分层，比如学生的兴趣爱好等，只要运用得当，同样也可以获得不错的教学效果。

2）对教学目标进行分层。教学目标为体育教学提供重要的指引作用，制定科学化的教学层次目标可以激发学生的学习动力，还可以有效提高学生的学习效率。如果教学目标设置难度过低，学生就会觉得毫无吸引力，感到枯燥无聊，注意力也无法集中；教学目标如果设置过高，学生就有可能无法跟上教学的节奏，最终也达不到预期的教学目标，严重的话还会打击他们对于体育学习的自信心。

因此，体育教师一定要注意教学目标的科学分层，这样各个层次的学生都能够展现出比较理想的学习状态，促进他们在各自所处的层次水平上尽自己最大的努力，最终实现共同进步。

3）对教学内容进行分层。教学内容的合理分层对于教学目标和教学任务的完成具有重要的意义，也是有效提高教学质量的关键性因素。对教学内容的分层，主要体现在教师要根据学生的不同情况安排不同难度和种类的教学内容。教师需要根据学生的身体情况和自身技能、接受能力进行合理的设置，比如说对于身体素质较好的、运动技能水平较高的学生可以适当提高其学习内容的难度，这样可以激发学生对知识的探索欲，以帮助他们达到更高层次的学习境界；对于基础较为薄弱、身体素质偏差的学生，可以分配一些较为简单的练习内容，主要目的是逐步提高其体能素质水平，同时还要使其保持学习的兴趣和信心。

由此可见，通过安排分层式的教学内容，可以促进每一位学生都获得相应的进步，从而可以提高整体的教学效果。

（8）对分课堂教学法。"对分课堂"是一种教学课堂的新模式。"对分课堂"的核心思想是把一堂课的总时长一分为二，一半用于教师的讲解，另一半由学生自由讨论和自主探索学习。后面的一半时间强调的是学生的自主学习和相互交流，突出了讨论的重要性，这样可以发挥出学生的学习潜能和积极性，自主完成对知识和技能的深化理解，"对分课堂"的应用不仅可以降低教师教学负担，还可以提高教学质量，改善教学效果。实施对分课堂教学法需要注意以下要点：

1）对课堂时间进行合理分配和利用。对分课堂最关键的要点就是要将教师的讲授和学生的交互式学习分开，而且要保证在这两个阶段的中间要安排一定的时间让学生将教师讲授的知识要点和动作技能消化吸收。所以有人将对分课堂称之为 PAD 课堂，这是因为其具有 PAD 这个界限清晰、相互分离却又相互联系的三个过程，即为讲授、内化吸收和讨论。

2）对学生进行合理分组。在划分讨论小组的时候，教师要注意尽量使各个小组实力均衡，男女生比例要合理搭配。因此在分组之前体育教师对学生的基本情况要做一个详细的了解，既要保证各组实力相当，又要注意任务分配的均衡性，体现各组之间的公平竞争，制造出一定的悬念，激发学生学习动力的潜能。男女生的合理搭配，在完成任务的过程中还可以起到性别互补的作用，使体育课更有趣，也能产生更好的学习效果。

3）宣布任务之前要做好引导和启发的工作。也就是说教师在布置一个具体的任务之前要对任务的要求进行详细的讲解，并启发学生学习讨论的思路，促使学生对学习任务有比较全面和深刻的理解。体育教师要让学生对整个学习的重点和难点都有所了解，同时也要对本次课程的目标和内容也有所把握，让学生在相互沟通、交换意见之前先想一想如何才能够更好地实现任务目标。

4）给予学生平等的表现自我的机会，同时要注意要让所有的学生都能够清楚地观察到他们的展示。通过随机抽查和预先制定的量化标准基本可以对对分课堂的实际学习效果做一个客观公正的判定。主要环节设置合理，学生的表现遵循流程安排，一般的话可以获得比较理性的效果，但是不能排除会有个别的小组偏离主题，教师要及时指出来，并给予合理化的建议。通过学生发言，可以锻炼发言人本人的表达能力。同时，教师还要注意引导全体学生一起分享其中的闪光点，让学生从别人的优秀表现中得到相应的启发。

在对分课堂教学中，体育教师要提醒学生在开展讨论的过程中以主题内容和教学目标为中心，以防止剑走偏锋、脱离主题而造成无谓的损耗。也就是说，教师要主动承担"总导演"的角色，为学生提供适当的指引和指导，以提高学生的学习效率。

（四）体育教学方法的体系

1. 教学方法体系的构建依据

在体育课程改革的过程中，"目标统领教材"是一个重要的指导思想，其要求是依据教学目标来选择体育教学内容。从广义上来讲，教学内容涉及的不仅有教师所教授的知识和技能，同时也包括观念、思想、行为和习惯等与学习能力相关的种种要素。这也就是说，学生的学习过程就是将教师所教授的内容内化为自我知识体系和心理体系的一个过程。这个过程不会自动地发生，而是需要教师通过一定的教学方法才能够得以实现。按照体育新课标的具体要求，对于体育教学方法的选择要视学校的具体情况和学生的身心发展特点而定。

传统体育大纲对体育教学目标、内容和考核的标准等方面都有明确规定，但是基本上是千篇一律的，其问题主要在于忽视了各个地区在自然环境、城乡差异、文化差异以及经济发展水平上的差异性，而且也没有关注过学生的兴趣爱好、个性特征以及他们的体育基础。在实际的教学过程中，一味地使用讲解和动作示范等单一性的体育教学方法，导致学生缺乏对体育运动深层次的理解。

依据学习内容性质的不同，可以分成五个主要的体育学习领域，但是能通过与该领域目标的相互渗透和影响，形成一个"目标—内容"关系，即目标决定内容选择，内容选择促成目标的相互关系。此外，新课程标准还将体育教学内容的学习水平分成了六个等级，并且对每一级的水平目标都有明确的定义，从而体现出了体育教学的特殊性。

因此，新课程标准的五个领域和六个等级的确立，可以对学校体育教学方法的选择提供一定的理论指导，促进"目标—内容—方法"教学范畴体系的初步形成，在这样一个体系的指导下，不同地区、不同学校在选择体育教学内容和方法的时候就有了具体的参考和选择空间。

2. 基于新课程标准的教学方法体系

新课程标准最大的特色就是学生的学习方式发生了巨大的变化。具体而言，就是摒弃了过去那种接受式的、被动式的学习方式，取而代之的是体现学生主体性的、主动式的、具有探索性的、研究性的学习方式的提倡和建立。

要彻底实现这一转变，教师的努力起着举足轻重的作用。其主要体现在三个方面：①了解学生在兴趣爱好、个性特征、学习能力等方面的具体情况；②充分考虑学生的年龄特征及其身体生长发育的规律；③为课堂师生的互动提供广阔的空间。

因此，在实践中必须要建立起一个新的、完善的教学方法体系以适应新课程标准的要求，新时期的体育教学要遵循体育教学本身的客观规律，结合具体的教学内容，按照标准划分的五个领域和六个级别来构建出新的体育教学方法体系。六个水平目标级别是在五个内容领域划分基础之上确立的，共同决定了体育教学方法的选择。在体育教学实践中，每堂课都是根据目标来确定内容的，所包含的五个内容领域都有着其各自不同水平的目标，体育教师依据其各个领域的水平目标值，来选择最具有科学性和合理性的体育教学方法。

（五）体育教学方法的选择

目前，各个学校在开展体育教学时所采用的方法十分丰富多样，且各具特点。要想将教学方法的价值真正发挥出来，各个学校体育教师就一定要重视对于教学方法的选择。具体来说，学校体育教师为体育教学挑选方法的标准主要有以下方面：

1. 依据教学目标选择

根据教学目标、教学任务的不同，教学方法在选择上也会存在一定差异性。目前各个学校体育教师为体育教学选择教学方法的主要依据是体育教学目标。体育教师在基于体育教学目标来选择体育教学方法时，需要注意以下事项：

（1）体育教师一定要基于体育教学的总目标，来选择体育教学方法，以此来确保不管是每次课的教学目标还是总体教学目标在最后都能实现。

（2）体育教师在选择教学方法时，一定要基于本次课的教学目标，来选择合适的教学媒体以及方法。

（3）体育教师在选择教学方法时，一定要注意将教学目标进行细化，据此对于教学方法加以确认，最终确保每一个小目标在最终都能实现。例如，出于组织学生对于课堂所掌握的体育技能进一步加以巩固，体育教师可对应地采用练习法、比赛法等。又如，出于引导学生学会新技能的目标，体育教师应该多运用讲解、示范、分解、模仿等教学方法。

（4）体育教学总目标为"促进学生体魄强健、身心健康"。学校体育教学在选择方法时也应基于此进行，决不能只为一时的收益，而放弃长远利益。

2. 依据学生特点选择

体育教学所面临的群体主要是学生。如果没有学生，体育教学将会失去其存在的意义。具体来说，体育教师在选择教学方法时需要考虑的是这一教学方法是否有益于促进学生体育学习，所以一定要基于学生群体的实际需求以及特点来选择具体的教学方法。这要求体育教师既要关注学生的群体特点，又要关注学生的个体特点。体育在基于教学对象即学生的特点来选择教学方法时，应该重点关注以下要点：

（1）就学生这一群体所具有的特点来说，体育教师一定注意把控这一群体的共性，据此来选择体育教学方法。例如，低年级学生爱玩，体育教师就可以在教学过程中多采用游戏这一方法进行教学；高年级学生的专注力更加持久，也有了思考能力，所以体育教师可采用探究法、发现法教学，引导学生在自主探究以及解惑的过程中，一步一步地培养起参与体育运动的习惯以及意识。

（2）就学生这一群体的个体特点来说，体育教师应该注意关注学生与学生之间的不同，并据此来安排教学方法。

3. 依据教师条件选择

在体育教学活动中，体育教师不仅是组织者、指导者，还是安排者、选择者、实施者。因此，体育教师在选择教学方法时，也同样应该对于自身的相关条件进行考虑，具体要求如下：

（1）体育教师在选择体育教学方法时，应该注意考虑该方法是否能适合自身。换言之，体育教师应该考虑运用这一方法是否可以将自身的素质水平、知识结构、教学能力与经验发挥出来，保证教学得以顺利进行。

（2）体育教师在选择体育教学方法时，应着重研究这一教学方法是否和教师的教学风格、性格特征契合。

（3）体育教师在选择体育教学方法时，应该与本次课堂教学目的以及课堂控制进行结合。

总而言之，体育教师在为学校体育教学选择教学方法时，一定要注意基于自己的特点来选择教学方法，以便扬长避短，使教学方法更具针对性。

4. 依据教育理念选择

在选择教学方法这一过程中，教学理念具有重要指导作用。体育教师在为学校体育教学选择方法时，应在最新体育教学理念的指导下进行，需要遵循以下方面：

（1）现代体育教学深受素质教育的影响，强调以实现学生身心健康全面发展作为目标。对此，体育教师在为学校体育挑选教学方法时应坚持"以人为本"，始终坚持将健康这一理念放在学生体育参与学习过程中，这除了有益于保障学生积极主动地参与到体育学习之中，还有利于学生"终身体育"意识的形成。

（2）体育教师在选择体育教学方法时，应该坚持以学生为主，根据学生实际需求来选取教学方法，进而确保学生的积极主动性被充分激发出来。

（3）体育教师在选择体育教学方法时，应该注意强调对于学生体育意识的培养、体育能力的提升，进而为其在走出校门、走向社会后继续参与体育活动奠定扎实的知识基础与技能基础，保证其在未来发展中可以主动参与体育运动。

5.依据教学内容选择

学校体育所涵盖的教学内容丰富多样，为了能够保障学生很好地掌握这些教学内容，教师需要据此来选择特定的教学方法，这样才能确保整个教学得以顺利进行，学生得以深入地掌握教学内容。在学校体育教育教学系统中主要有两个构成系统——教学内容、教学方法，二者彼此之间存在着十分紧密的联系。因此，在选择教学方法时一定要重视对于教学内容的考虑，操作要求具体如下：

（1）体育教师在选择体育教学方法时，一定要重视教学方法的实用性，即保证其可以切实可行地在体育教学中加以运用。例如，体育教师在教授技术动作时，应该运用主观示范法来为学生讲解该技术动作；体育教师在讲授体育原理时，应该运用语言讲解教学法来按照一定逻辑逐步为学生解释该原理，让学生得以真正理解以及掌握。

（2）体育教师在选择体育教学方法时，应该注意基于教学内容的表现方式来进行选择，以此保证学生以极大的热情尽快掌握该种教学技术。例如，图片展示这一方法具有直观性、便捷性，多媒体教学这一形式具有生动性、细致性。不同的方式具有不同特点，教师可以根据实际内容选择适合的教学形式。

6. 依据教学环境与条件选择

体育教师在选择体育教学方法时，一定要对整个教学活动牵涉的教学因素进行综合考虑。其中，尤其要重视对客观教学环境与条件的考虑。

教学环境不仅包含场地、器材，还包含班级人数、课时数等。与此同时，外界社会文化环境的好与坏也会对教学环境产生十分重要的影响。体育教学条件包含体育教学的硬件条件、软件条件等。

体育教学环境以及条件在开展学校体育教学活动的实际过程中，人的主观意志会对教学方法的选择产生十分明显的影响。体育教师在选择教学方法时，除了需要关注这些客观教学环境因素之外，还需要对某一种教学方法所必要的客观环境和条件加以充分考虑。

（六）体育教学方法的优化与创新

1. 高校体育教学方法的优化

（1）转变高校体育教学理念。当今社会信息技术发展迅猛，教学与网络技术的融合已经成为一个不可逆转的趋势。在教学中，运用网络技术可较大程度地保证整个教学收获良好的结果。为了能够将网络技术的作用发挥出来，体育教师还需要及时对教学理念进行调整。对此，学校体育教师以及相关工作人员一定要以一个开放的态度，面对当下流行的新理念以及新事物，以此来为现代体育教学手段在体育教师的实际应用中提供便利。体育教师要严格要求自己，提升自己的专业素质，努力在实际教学中不断发现自我、完善自我，这点同时也是现代学校体育教师素养在新形势下必须具备的一个素质。同时，这也是保证信息技术在体育教学中发挥出较大作用的关键所在。

（2）加强教学手段创新意识。在创新学校体育教学手段这一实际过程中，体育教师要想收获到良好的成果，应该在态度上给予重视，树立科学且正确的创新意识。体育教学手段能够有所突破，实现创新，将会对现代学校体育教学能否实现创新，突破传统落实理念的制约，建立起与时代相适应的现代化体育教学模式起决定性作用。要想实现体育教学手段的创新，关键在于引导一线体育教师以及体育教学的相关管理部门对创新形成正确的思维和意识。以体育教师为例，倘若体育教师具有创新意识，那么他们不管在教学中还是在与学生日常接触中，都会时时刻刻地谨记培养学生对体育运动产生兴趣，并注意对学生创造能力加以提升。体育教学手段要想实现现代化，离不开体育教师想要激发学生的创造欲望、满足学生的心理需要，以及随时根据现实对于体育教师进行调整的高度工作责任感。

（3）优化体育教学硬件设施。学校体育教师在开展体育教学时，如果需要利用多媒体技术，但没有专门供体育教学的实验室以及多媒体教学场馆，通常情况是借助其他学科的多媒体教室或教学场馆。鉴于此，各个学校应该对体育学科的多媒体场馆以及实验室增加资金投入以及设施建设力度，保证体育教学已经配备足够的体育教学场地、设施、器材装备，可以很好地满足当下开展体育教学的实际需要，这同时也是创新以及发展体育教学手段使其实现现代化的基础。

学校体育教学除了要对硬件设施的数量以及质量加以保证之外，还应强调科学且有效地对现代化教学设备加以应用，进而确保其可以更好地为体育教学实践服务。在过去，各个学校体育教师主要借助于示范与讲解这种形式来给学生传授理念、教授知识。尽管体育教师对于动作的示范以及讲解是正确且规范的，但是学生有可能会因为教师示范时间过短而不能深入分析以及理解该动作的整个过程。倘若每次在教授新技术动作之前，体育教师就先组织学生利用多媒体设备先行观看以及分析该技术动作，学生就会对此动作充分了解。例如，体育教师可利用多媒体设备的慢放功能，对于那些复杂动作进行慢放或者分解，以此来保证学生可以深入理解该动作的原理以及动作之间的上下承接关系。或者也可以利用多媒体设备记录学生练习技术动作的过程，以供教师对学生掌握情况进行分析，并对于那些不足或者错误之处及时加以调整。多媒体设备可以涵盖形、声、色，这些能够对学生的感官直接产生影响，这比传统教学方法更能对其大脑皮质的神经系统产生刺激以及激发影响，可极大程度地激发学生的学习积极性。

体育教师在向学生教授体育技术时，可以对体育教学实验室加以科学合理地利用，使体育教学手段得到优化，转而成为一种结合了体育多媒体、教学实验室和室外技术实践的术科教学模式，将会对课堂教学效果和质量的提升产生十分重要的作用，有助于学生对复杂高难度技术动作的快速理解以及掌握。因此，学校体育教师在开展体育教学时，可事先组织学生对课堂内容所涉及的技术动作进行观看，让学生对该技术动作有所理解。

除此之外，体育教师还可借助实验室的器材设备，来让学生通过真实体会这一形式对技术动作的特点进行更加深入的掌握。最后，体育教师要组织学生在实际结合运用音乐媒体的练习过程中，加深对学生练习时间以及节奏的把控，让学生可以正确掌握该技术动作，并对其所具有的时空感、节奏感有更深的理解，从而保障学习效果可以得到有效提升。

（4）充分利用体育教学软件。在学校体育教学基础设施持续得到完善、优化以及教育技术现代化得到快速发展这一背景下，当前各个学校一定要注意加大对于体育教学辅助软件的建设力度。各个学校在后续体育教学中应有意识地确保体育教学软件的开发力度可以得到进一步提升，使其得到迅速发展，可以更好地匹配于现有的硬件设施条件，从而可以将现代化教学手段的价值以及意义充分发挥出来。具体来说，体育教师在开展体育教学的实际过程中，要基于汇集计算机、投影仪、录像播放三者于一体的多媒体技术，将那些难度相对较高的动作技术制成电脑动画，以便学生可以反复多次的、慢速的、多方位的、动静结合的来观看整个技术动作的演示，如果可以再配以一定文字对该类动作的关键部位进行解释说明，学生势必会对所学动作的技术要领以及动作结构有更加深刻、清晰的理解以及认识，这可确保学生对于正确动作快速形成概念，极大程度地提升教学效率。

那些功能强大、全面、实操性较强的教学软件可激发学生学习体育动作、体育理论的兴趣。这进一步说明教学软件的开发利用在学校体育教学中扮演着非常重要的价值。例如，在开展篮球体能训练的实际过程中，倘若只依赖于个人进行体能训练，或者利用多媒体幻灯片这一技术来向学生讲解大量的理论文字，这对学生而言无疑是枯燥的，也是乏味的。反之，倘若体育教师在制作体能电子教案时，可以采用动画或者视频等动态形式来对体能训练进行讲解，这种形式更加具有观赏性，可供学生反复进行观看，最后再辅之文字理论或讲解，可以直接对学生的感官神经产生一定刺激，使学生在学习体育理论以及技术时带有强烈的好奇心与兴趣。大力开发体育教学软件，除了有益于进一步优化体育教学内容、教学模式之外，还能进一步拓展以及丰富学生对所学内容的领悟路径。

此外，各个学校还应该搭建起相关的网上教学资源库，以便学生可以借助校园网在教学资源库中获取自己所需以及自己感兴趣的知识，在线自主学习，这有利于为学生营造出一个更好适应高度互动、个性化的智能教学环境。在校园网、体育教学信息库得以建立并实现进一步改善，以及高科技产品与体育教学之间的结合更加紧密的背景下，不管是研制现代化体育教学软件，还是创新与开发现代化体育教学软件，和过去相比都更为容易了。

由此可见，加快、加大开发体育教学软件的力度，对创新以及发展体育教学手段的现代化都具有极其重要的意义。

2. 高校体育教学方法的创新

（1）分阶段的教学方法。

1）准备活动方法的创新。准备环节是学校体育教学的重要环节之一。好的准备活动可确保学生不管是身体机能还是心理机能都可以快速进入准备状态，极大程度地降低了运动损伤的发生概率，使整个运动过程得以顺利进行。因此，体育教师在创新体育教学方法的具体过程中，应该以准备活动作为着手点，使准备方法更具创新性，让学生身心得以放松，为后续教学的顺利进行提供保障。

具体来说，准备活动通常可分成两种形式——一般性准备和专项准备。体育在一般性准备活动中，可通过游戏的形式激发起学生的参与热情，保证学生大脑的兴奋性得以提升。例如，可以采用以"贴人""报数"等为代表的过程简单、组织便捷的且具有极强灵活性的游戏，引导学生的身心得以迅速处于一种准备状态。而在专项准备活动中，体育教师也可基于教学内容适当引入一些与之相关的内容。例如，体育教师可在开展投掷类运动之前，开展一个传球游戏，既可以让学生放松身心，激发起学生学习的热情，又可以让学生做好热身，极大程度地避免运动损伤的发生，进而得以为后续教学的顺利进行做好铺垫。

2）课堂教学方法的创新。体育教师将创新理念融入学校体育的实际教学中，一方面，可使整个课堂氛围更加生动活泼，使原本十分枯燥且单一的训练充满乐趣；另一方面，可将学生的学习热情尽可能地激发出来，使学生不仅可以深入理解相关理论，还能尽快掌握相关的运动技能，进而最终促使整个教学可以取得十分理想的成效。

3）结尾阶段方法的创新。对于结尾阶段方法的创新同样不应忽视。体育教师如果在实际开展学校体育教学的过程中，可以很好地对结尾阶段的方法进行创新，为整个教学留下一个美好的结尾，就会让学生产生一种乐不思蜀的感觉，这不管是对于学生运动习惯的养成，还是运动意识的形成都具有十分重要的作用。在体育教学中，结尾阶段在整体教学过程中所扮演的作用不容忽视，除了可使学生原本处于不平静状态的身心机能得以迅速恢复，还能为学生后续的深入学习做好准备。对此，体育教师在进行创新时，一定要以学生此时所具有的特点以及需求作为指导，对方法进行大胆创新，以此来保证教学在结尾处可以得到升华。

体育教师可以安排一些旋律、节奏都较为舒缓的音乐，再配合一些相对较为舒缓的动作，引导学生的机能状态可以逐渐趋于平静。除此之外，体育教师还可以尽可能对结尾时的教学形式进行丰富，可引入瑜伽、太极以及健美操等运动项目的动作，以此来尽可能对于结尾处的内容进行丰富，保证学生的学习兴趣得以激发，确保创新可以实现。

4）游戏形式方法的创新。游戏法是学校体育教师创新体育教学方法的重要形式之一。这种方法相对其他类型的教学方法更具娱乐性，可保证学生的热情得到提升，是当下较为理想的教学方法之一。因此，体育教师也应在创新教育理念的指引下对游戏方式适当进行革新，以此来引导学生在游戏中逐渐健全自身的人格、提升自己的智力、发现自己的潜能，进而将体育这一学科所具有的价值最大限度地发挥出来。

例如，大学生不管是判断力、观察力还是想象力、反应力都是极强的，游戏可以很好地将学生的智力开发出来。因此，体育教师在具体开展学校体育教学时一定要注意为学生留有一定的空间，以便学生可以根据教学实际设计出一些更具趣味性、创新性的游戏，进而使学生间的竞争性得以增强，推动学生更好地实现全面发展。

（2）组合创新教学方法。组合创新教学方法顺应了现代体育教学方法优化组合的发展趋势。所谓组合创新，主要是指体育教师基于合作学习法来进一步对教学方法进行完善以及创新。教学方法的组合这一措施实质上是一种对原有教学方法的创新以及完善。

伴随着社会的迅猛发展，体育教学也随之产生了极大的改变。体育教学方法要想保障教学活动的顺利进行，就要基于实际情况对其不断进行创新，以此来确保新的体育教学方法不断涌现，体育教学最终得以收到良好的效果。

第二章　基于体教结合模式的高校体育教学

第一节　体教结合模式及其理论依据

一、体教结合模式的内涵

体教结合随着社会进步、时代发展被赋予了新的时代意义，从个人来说是个体训练和文化课学习齐头并进，相辅相成；从管理层面来说，就是发展竞技运动的同时，必须重视运动员本身的教育问题，在培养运动人才的过程中不只重视单项运动技能的学习，还得充分融合教育资源，使运动员能够全面发展；从国家层面来说，为了进一步发展我国的竞技体育，从国家到地方的各级体育相关职能部门要主动和各级教育职能单位沟通交流、全方位合作、整合资源，共同培养体育专项能力突出、高素质全面发展的高水平运动员。

"体教结合"问题的提出源于教育与体育部门的状态分置，产生这种状态的原因则是从 20 世纪 50 年代开始，我国竞技体育的发展采用"举国体制"这种人才培养模式，运动员从小不接受或较少接受学校传统教育，直接通过选拔进入专业运动队，以专项技能训练为全部，忽视了文化教育的学习，造成了我国多数专业运动员文化水平低下、对运动项目规律的认识不足，影响专项技能的学习，进而影响整个项目的进一步发展，制约了我国竞技体育的全面发展，怎样协调竞技体育和文化教育成为全国体育从业者面临的难题。"为解决我国竞技体育人才培养中存在的问题，20 世纪 80 年代我国提出了'体教结合'的工作思路，力图通过'体教结合'模式来解决培养竞技体育优秀的后备人才，实现竞技体育的可持续发展。"①

20 世纪末开始，我国竞技体育开始腾飞，奥林匹克运动会、世界田径锦标赛捷报频传，每一届奥运奖牌榜的成绩都让国人欣喜若狂。我国体育将只抓竞技体育成绩转变成运动员的全面协调发展，把科学发展观运用到培养高素质、高水平运动员中来，用科学发展观来作为我们培养高水平运动员的指导思想。纵观我国竞技体育发展历史，我们的竞技体育主要采用金字塔式的培养方式，在运动员的成长过程中，就有很大一部分面临淘汰，直接的后果就是一方面高水平人才储备不足，另一方面人才资源浪费严重。因此，怎样合理地整合教育部门和体育部门的优势资源，互利共赢，让体育和教育真正结合，取得实质性的进展，怎样培养专项能力突出、社会适应能力强、全面协调发展的优秀运动员才是本研究的重点。

运动训练是学校教育的非常规形式，培养高水平运动员是普通教育的组成部分。"体教结合"既要保证系统的运动训练，遵循训练规律，又要保证足够时间和系统化的文化教育，遵循教育规律，使体育和教育两个体系的优势都能够得到充分发挥。

在为运动员提供一个退役出路的问题上，如果能够将学校精神与体育精神相结合，通过校园文化的熏陶去更好地完善运动员的自我素养，去促进一个人的和谐发展，这就是一个成功的育人过程。这一理念是多家高校"体教结合"的共识，即在育人的同时培养高水平运动员。

综上所述，对"体教结合"最新的定义应是：在"以人为本"的科学发展观指导下，在新的历史条件下，加强学校体育工作，推动素质教育，促进青少年训练，为国家培养和造就高素质劳动者和优秀体育后备人才的一项新的重要举措，是整合体育、教育等资源而实施的人才培养战略的重要措施，体现了体育、教育事业最根本的培养目标，符合人才培养的内在要求。

①陈宁.	"体教结合"模式实践进程的再认识［J］.成都师范学院学报，2020，36（9）：1.

二、体教结合模式的理论依据

（一）体教结合模式的发展

1. 微观层面的"体教结合"

微观上的"体教结合"指的是运动员本身，"体"是指平常的专项训练，"教"是指系统的文化学习，即运动员在接受正规的专项训练的同时，也必须要保证有足够的空余时间来学习文化知识，因为文化知识教育与运动训练同等重要，对运动员自身的发展来说甚至要比技能学习更重要。在理论加实践中，先要充分理解理论知识，从而赋予实践，在此也体现出文化知识教育是保证一个运动员出成绩的重要因素。

随着时代和科学体育的不断发展，体育训练必须以科学的方式来进行训练。从某种程度上来讲，体能是后天的，开发也是有限的，而智能的开发则是无限的，以智能补体能，二者相互协调与补充，还可以使体能的开发达到更高的高度。因为文化素养越高，人们对于训练要求的理解就更加深入，也更能严格地约束自己，运动水平也会提高得很快，比赛成绩自然而然就好。

可见，接受教育、学习文化不仅是一个普通人成长的需要，更是现代社会对优秀运动员提出的必备条件。教育要以人为本，体育更是必须要坚持以人为本。"体教结合"在微观层面上的功能主要为解决运动员文化教育的不足，让简单的体能型运动员向高素质、高智慧的优秀运动员转变。

综上所述，体育职能部门应该在本系统内加大对教育培训的力度。

2. 中观层面的"体教结合"

在中观层面中的"体"是指体育竞技运动，而其中的"教"是指学校的教育。"体教结合"主要是对应现在的学校体育说的。"学校"孕育了现代体育，在此基础上发展的竞技体育和教育本该相辅相成，共同进步。换言之，"学校"同时承载了竞技体育和教育。

在素质教育中要重视体育竞技运动的教育功能，并在全国适龄儿童中推行，充分利用了竞技体育的优点和青少年发展阶段的身心特点，将体育运动训练在体育课堂和课外体育活动中体现出来，让所有的青少年在力所能及的竞技体育当中能够接受多方面的考验和学习。奥林匹克运动的兴衰历史也告诫我们，竞技体育只有与教育全面结合才能真正焕发魅力，表现出活力。

从我们国家体育事业长远发展来说，未来的金牌获得者可能从我们众多的在校学子中脱颖而出，体育课堂的形式和内容要在一定程度上模仿竞技运动训练手段。"体教结合"在中观层面上的功能是运用了竞技运动来充实教育手段，并且增加了学校体育的竞技运动时间，学校教育在进行全面指导的同时，还解决了竞技体育运动脱离教育系统之后的后续问题，这个目的在于让竞技体育运动可以回归学校的大教育当中，成为学校教育中的一方面，在学校体育运动蓬勃发展这个基础上稳扎稳打地发展竞技体育运动。

在这个层面的认识上，教育职能部门可以在教育体系试水单招，学校以招收高水平运动队的形式来抓竞技体育运动。

3. 宏观层面的"体教结合"

宏观层面的"体"指体育管理部门，"教"指教育管理部门。所谓"体教"即体育管理部门与教育管理部门相结合；两个部门在实现更高水准的人才培养方面各有优缺点又相互结合。德、智、体、美全面发展已然成为每个学校培养学生之根本，自"学校业余体育训练，培养高水平学生运动员试点学校"的全面启动，教育部门加大培养各类学校成为试点学校，结合体育部门，两部门相辅相成，采用不同的方法以实现试点学校学生运动员培养方案，继而实现体育与教育两个部门的双赢。

一边教育部门利用降分、单招等政策在学校培养成立自己的高水平运动队，通过系统具体的训练方案结合竞赛体制，从小学到初高中再到大学形成"一条龙"的试点学校体系；另一边体育部门利用单招等特殊政策吸收和培养，形成以中专为主，扩散到技术学院以及全日制成人大专的"一条龙"培育体系。体育部门与教育部门应更快、更好地相互融合渗透，真正实现"体教结合"。

通过以上三个层面的"体教结合"，将会培养出高素质、高水平的竞技体育运动员。纵观全局，只有体育教育部门自上而下地精诚合作、协调发展，中观层面的合作才会越发紧密协调，微观层面的结合才会统一。

（二）体教结合的重要性

中国"体育与教育相结合"很关键的原因在于：处理运动员的文化学习和训练实践问题；怎么处理运动员整个职业生涯问题；怎么进一步了解平时练习的细节问题；在健康、长期、稳定地发展高水平竞技时存在的不足问题。伴随着中国教育制度的改革，举国体制所带来的利弊突出，解决这些问题的重要性也显得越来越迫切。

1.促进竞技体育人才全面发展

"学生拥有较高的身体素质，是祖国迈向世界体育强国的希望，可以实现中华民族的伟大复兴，通过'体教结合'的培养模式，将学生打造成为全面发展的体育人才，为我国迈向世界体育强国，输送高素质的运动人才，进一步推动我国竞技体育的发展。"① 因此，主管部门应该构建良好的学习氛围，设定体育理论与实践搭配学习体系，使体育运动员的理论和教育共同发展，使其发展为全方位人才。

2.促进体育事业的发展

体育是多元素构成的整体，各个元素之间相互影响，使得体育向某个方向发展。体育工作人员在实践中不断积累，不断进步，总结出体教结合的经验。只有把体育和教育结合起来培养人才，才是可行之路。

有的学校的理论体育人才缺乏专业的指导，这样导致体育和教育相背离，不是长久发展之道，只有学校体育、竞技体育和群众体育相结合，才能使我国体育事业全面繁荣。

3.促进素质教育的深入

21世纪是知识的时代，学生在学校学习的基础知识，我们要将全面化的素质教育贯穿于从小学直至高等教育的全体系之中，使得业余体育在九年义务教育中得到足够的重视。不仅要使学生重视文化学习，更要注意对技能的

① 张海涛. "体教结合"培养模式的研究与实践［J］.灌篮，2021（19）：42.

培养，这样学校体育才能长远发展，真正理解基础教育的深刻含义。

人的全面发展不是一味地体制内教育的结果，准许个性化发展，给予适当的教育和指导，使个性化的个人在得到适当的指导后向着正确的方向发展，定能使体育和教育得到最好的结合，体现出体育很好的教育功能。"体教结合"在促进学生全面发展的同时，也体现了竞技体育人才培养的个性和特点。

第二节　高校体育教学中体教结合模式的构建

一、高校体育教学中体教结合模式构建的指导思想

尊重人的价值，倡导个体的科学发展、全面发展，个体与群体的协调发展，以及整个教育事业的可持续发展，是高校体育教学构建"体教结合"模式应该遵循的指导思想。

第一，拓宽以人为本思想的适用范围。高校体育教学的传统思想理念认为，只有参与竞技体育，才能实践以人为本的指导思想。这种陈旧的思维模式忽视了体教工作者的存在与付出，在某种程度上阻碍了体育事业的健康发展。为了推动竞技体育长远、可持续的发展，竞技体育的发展成就不能仅让少数体育人独享，而应该与大多数体育人共享。

第二，注重发展的全面性、协调性与持续性。体育人才的培养、集训和竞技指导，必须遵循科学的教育规律。为了帮助国内体育人才实现全面发展的目标，体教部门有必要在制度法规的指引下，鼓励体育人才在接受科学训练的同时，切实提高自身的综合文化素养。此外，体教事业的长远、可持续发展，不但需要部门之间的协同互助，而且学校、社区都需要互帮互助，齐心协力共同构建多元化的高校体育教学体系。

整体性和全面性是综合性在微观层面的主要表现，而高校体育教学体系的创新构建必须遵循综合性原则。为了落实体育教学的综合性原则，高校体育教学体系的构建需要做到以下三个方面：

第一，推动体育部门与教育部门多层次互助，在"体教结合"的结构与功能方面，把握好要素与因素的联系与区别。

第二，以"体教结合"为基础，增进高校体育教学体系内部关系与外部关系的动态平衡。在利益分配和职权调整方面，体育部门与教育部门的结合，有助于整体利益的合理分配。

第三，借鉴国外经验，增强"体教结合"的中国特色。体育改革的稳步推进必须立足现实，围绕国内竞技体育的发展史，利用"体教结合"实施过程中遇到的实质性问题，借鉴国外成熟的竞技体育人才培育机制，在求同存异的基础上，根据国内竞技体育教学的实际情况，探求、梳理、总结国内竞技体育的发展规律，实施可行的"体教结合"方案，形成具有中国特色的"体教结合"模式。

二、高校体育教学中体教结合模式构建的原则

（一）科学性原则

科学构建"体教结合"模式是高校体育教学健康发展的必然要求。为了保证"体教结合"的科学性，高校体育教学需要重点关注以下两个方面：

第一，构建"体教结合"模式的各个环节必须科学。理论决策应该以人为本，并致力于实现人的全面发展。尊重人的价值是"体教结合"模式的重要目标。"体教结合"模式重视发展的统筹性、协调性、全面性和持续性，并致力于采用科学的态度解决问题、处理矛盾。教育成本的降低、训练效率的提高、投资风险的规避、争议事件的减少与教学策略的科学性密不可分。竞技体育人才培养必须科学规范、分流渠道，重视大众体育的现实需求，注重目标设定的科学性，从而避免竞技体育人才浪费的现象发生。通过整合体育部门和教育部门的优势资源，科学调整"体教结合"模式，完善竞赛系统，能够有效促进竞技体育人才的全面发展。

第二，培养竞技体育人才的训练体系必须科学。"体教结合"模式应该为竞技体育人才创建科学的训练环境，并在变革传统训练理念的基础上，帮助竞技体育人才管理与训练体系实现科学化运作，从而真正做到竞赛为常规

训练服务，保证竞技体育人才在相对人性化的体育环境中健康成长。

（二）协同性原则

系统因素之间的协同运作与配合支持，有利于系统整体的稳定性。物质世界的能量供应与信息传达是协同效应整合独立系统形成人类社会的基础。在协同效应运作规律的指导下，系统要素的非线性有序作用，推动了系统功效的不断增强。

系统的结构与功能调整必须以效益目标为导向，这是"体教结合"模式遵循协同性原则的基本要求。领导机构的统一部署，离不开体育部门和教育部门的有机协调与双向互助。专业队教练员在合理调配学校体育运动人才的过程中，将系统外部的体育竞赛与系统内部的教育训练整合加工，在扩大体育特长生招考规模的基础上，为常规的体育运动项目增设同级别竞争对手，在参赛双方实力均衡的前提下，增强比赛的趣味性和观赏性。竞技体育人才经过小学、初中、高中与大学的层层选拔，参与各类体育竞赛的积极性和主动性明显增强，而来自学校、县市区的关注和奖励，可以激发获奖选手的荣誉感和归属感，并在日后的各项同级别比赛中，取得更加理想的成果和辉煌的业绩。在协同性原则的指引下，"体教结合"推动体育部门与教育部门的携手共赢，为竞技体育人才的全面发展铺平了道路。

（三）机会均衡原则

公平竞争是人才培养的制度保障。"体教结合"扩大了竞技体育人才培养的范围，为竞技体育爱好者提供了参加培训与竞赛的机会。拥有竞技运动训练基础的竞技体育后备人才，通过公平竞争获取比赛锻炼机会，可以为日后的职业发展积累丰富的参赛经验。因此，体育教学政策法规的制定，必须遵循机会均衡原则，为个体的生存与发展提供均等的机会。在公平竞争的氛围中，所有的参赛者必须依靠自身实力赢得比赛，竞技体育人才培养的实际效果由此显现。由教育部门和体育部门合作培养的竞技体育人才，面对相对透明的竞赛规则与公平合理的竞赛机制，参加比赛的主动性和积极性明显增强。

（四）和谐发展原则

高校体育教学包含的运动项目极为多样，不同的运动项目采用的人才培养模式和管理方式也迥然相异。为了缓解不同项目之间的矛盾与摩擦，"体教结合"必须遵循和谐发展的原则。

与教育系统相比，体育系统更注重人才的竞技性培养。通过组织竞赛活动，吸引竞技体育人才公平竞争是教育系统人才培养的常规路径。这种带有强烈对比色彩的体育赛事，需要教学手法相对温和的教育系统加以修正。教育系统立足的根基与体育系统相同，二者共同秉持互惠共赢、和平共处的原则，借助常规训练和科学指导，帮助竞技体育人才发现自身存在的不足与缺陷，并强化日常的针对性训练，从而确保竞技体育人才能够在赛场上充分发挥自身的体育潜能。在这个过程中，教育系统与体育系统必须相互配合，摒弃传统的对立思维，坚持和谐发展原则，在平衡双方利益、协调双方争议的基础上，稳步推进"体教结合"模式的正常运转。多样性是体育教学的基本属性。"体教结合"的整体性，要求竞技体育人才的培养，必须充分尊重个体的自由选择与全面发展。面对日益复杂的教学矛盾，注重发展的和谐性、全面性与持续性，对于减轻各部门的工作压力，缓解教育部门与体育部门的矛盾、冲突与对立，促进"体教结合"体系的协调发展，具有十分重要的现实意义。

三、高校体育教学中体教结合新模式的构建

面对社会主义市场经济发展的最新趋势，改革传统的体育人才培养模式，借助社会与市场的双重力量，确保高校体育教学在法律允许的范围内构建"体教结合"新模式是时代发展的必然要求。由于"体教结合"新模式的内部结构比较复杂，为了防止各种利益关系发展失衡，必须利用法律手段对"体教结合"新模式的内部结构进行规范。此外，在"体教结合"新模式的社会化和市场化运作过程中，教练员的市场化管理与运动员的社会化培训，应该以

学业完成为前提，利用常规训练和体育赛事，拓宽运动员的经费来源，强化学校体育系统和教育系统的科学化管理，确保运动员既可以从体育系统中获得训练经验，又可以从教育系统中收获学习乐趣，从而有效化解运动员的训练与学习矛盾，推动高校体育教学"体教结合"新模式的科学构建。

第三节　高校体育教学中体教结合模式的应用

一、更新观念，确保决策利于体育人才全面发展

中国高水平竞技体育的独特特征，使得每次产生的重大改革决策都会给中国体育的发展带来翻天覆地的变化。"体教结合"无疑是关乎体育体制改革创新的重要战略问题，决策者决不会放任不管。

"体教结合"不单单是解决运动员文化教育和就业出路的途径，新时期还赋予了它新的含义，要求领导者要以科学发展观为依据，以人文关怀为理念做出决策。做到在不影响文化教育和人格教育的同时提高运动员技术；确保拔尖运动员与未能取得理想运动成绩的竞技运动训练者的发展相互影响；确保高水平运动员的发展而不影响后备人才的发展。

二、加大社会投资力度，培养竞技体育人才

"体教结合"资金来源按时期可分为两个阶段：一为大学阶段，二为中小学阶段。按常理来说，运动水平与投入的资金是成正比的。体育同教育两大系统协同培养竞技体育方面的人才，此类资金的投注因学校结合程度及运动项目的不同而异。运动队越以学校为主体，吸引体育部门的投入一般便越少。很多学校用以办高水平运动队的资金都是学校划拨的专项资金，专款专用。

学校的竞技体育运动队资金来源慢慢向多元化趋势蔓延，学校以积极者的姿态参与市场的运作，增强运动队自身的"造血"功能。培养竞技体育后

备人才属非营利性事业，需要得到全社会的支持。逐渐增加后备人才的培养资金投入非常必要，除此之外，体育彩票公益金培养城镇级别后备人才的资助力度也应加大，广开资金来源的各种渠道，鼓励并支持社会各界力量及当地企业对此类人才的资助，经费不足的问题也会通过这一系列措施得以逐步解决。

另外，要针对竞技体育人才有意识地加以培养并引导家庭投资。当今社会飞速发展，人民生活水平日渐提高，体育职业的社会地位也随之攀升，应该说，体育与文艺是具有趋同性的。然而，社会上家庭投资文艺人才已成为普遍现象，而投资体育人才没有形成气候，原因是多方面的。人们对家庭、个人投资竞技体育的外部环境仍未形成。

因此，"体教结合"应在体制和融资渠道上下功夫，对运动员训练及培养以有偿代替无偿，从国家、社会、企业、个人多方面入手，使资金来源宽广，投资方式更加多元化。

三、提高"体教结合"教练员水平

在现代竞技体育中，教练员扮演着重要的角色，是竞技水平提高与发展的核心所在。除此之外，提高教练员科学训练水平和运动成绩也和教练员的综合素质能力及水平息息相关。近年来，以"体教结合"为核心的学校通过选调、引进、培养、培训的方式对教练员进行选用，从而提高教练队伍的建设。

专业体育院校主要负责培养优秀教练员，与此同时，也负责各级普通学校及广大社区竞技体育俱乐部的人才吸纳。当今，许多体育院校在办学方向和思路上正在逐渐转变，慢慢地从培养"体育师资"，转变到培养体育所需人才的全面性和多元化上来，并且为"奥运争光"的竞技体育所需人才也成为当今体育院校的目标之一。在教学过程中，以个体或专项团队来培养人才，组建高水平运动队训练，注重理论联系实际人才培养模式。在竞技运动实践中运用理论知识，增长指导才能，这是国外体育院校培养教练员成功的经验，学生通过全面、系统、理论与实战相结合的学习训练，经考核达标，既可获得学士、硕士、博士学位，又可获得教练员资格证书，并不受学历教育时间限制，采用证书制度保证学生毕业后有实力走上教练员的岗位。

我国设置的运动系的专业体育院校应进行合理布局，各院校在不同项目上应自成体系、各具特色、各有侧重地培养优秀教练员，高水平教练员的培训一直以来由体育系统负责。体育部门在多年的管理过程中，形成相应的教练员等级制度和培训制度，保证运动训练的可持续发展和竞技运动水平的不断攀升，这一良好的制度应向教育部门拓展，将学校高水平运动队的教练员培训纳入体育部门工作的议事日程。

四、提升体育人才培养的质量

后备人才培养体系的价值在于培养出色的、技能与文化兼备的体育人才。通过近年来的效果初步显示，体教模式下，后备人才培养体系飞速发展，但问题仍然存在。如何解决这些问题，提出以下可供参考的对策：

（1）努力提升教练员自身业务水平。现阶段的教练员应加大专业培训力度，除了参加各等级教练证的培训与考试，还应多汲取国外优秀教练训练经验；并不断吸纳新的教练员，通过"以老带新"，分享优秀教练员的方法与经验，相互学习，整体提升教练员自身业务水平和训练质量。

（2）走文化素养与技术并行的培养道路，更深层次地提升运动员综合素质能力。保证文化课学习时长，通过期末考核来判定运动员文化成绩；与教练员相互沟通，共同制定出一套适合青少年运动员成长的可实行措施。

（3）降低高年龄段青少年运动员的学训压力，通过更加合理有效的文化课程学习安排，不影响其文化学习效率，通过加强训练强度来提升体育训练质量。

（4）在赛事开展方面，体育和教育部门应通力合作，推出更多各年龄段组别的赛事。通过这些赛事达到锻炼队伍、培养好苗子的目的，并给予奖励以及后续的政策性加分等政策。各省市之间多交流、多合作，互相邀请各自的青少年队伍交流和学习，划分各年龄段的青少年队伍竞赛，从而更深层次地提高比赛数量与质量。

五、科学训练，从根本上解决学训问题

如果训练员在训练内容和方法上，不顾及项目的生物特征所产生的过度训练，则会导致灾难性的后果。运动训练有其生化基础，训练不能不遵循生物适应的原则也被特别强调出来。"最佳"区域一定在运动员可承受负荷的范围内才最适合。

随着现代科学技术及信息化的飞速发展，尤其是广泛运用于竞技体育中的高科技和新材料，竞技体育社会化、商业化的运作使得比赛日趋频繁，已给运动训练的发展带来了一场深刻的革命。科学训练呈现出专项化、实战化和个性化的发展势态，对传统训练方法的挑战已使人们越来越重视用脑训练，借助科学知识及不同的科技理论对运动员进行多方面的训练，比如可以将医学、数学、物理学、化学、计算机、信息工程等科学知识与科技思想、方法相结合，从而科学地监控运动员的训练、竞赛细节及全过程。相信有科技保驾护航的科学运动训练与竞赛一定能大大提高训练的效益和效率。

第三章　基于信息化的高校体育教学模式

第一节　高校体育课堂准备与说课教学

一、高校体育课堂准备

体育课堂准备，通常称备课，即课前准备。备课，有时人们可能认为只是写一个教案那么简单，其实不然，备课可以有不同层面的理解。"备课是对整个教学过程的总策划和总设计，它体现了教师的教学观念，表达了教师的创新思维。"[①] 从宏观层面来说，只要跟上课有关的、所做的方方面面的准备都可以称之为备课，不仅包括对教材和学生的分析，还有教学策略设计、场地器材的规划等；从微观层面来说，备课可以理解为写教案。教师应充分了解备课各要素，为课堂教学打下坚实基础。

备课是由思维转化成实操的过程。体育教师对体育学科要有过硬的把控能力，要掌握教育一般理论和体育基本原理，了解当今体育课程改革的动向，了解学生的身心发展规律等，还有一些宏观层面的东西也需要了解。上好一堂课，备好课是前提保障。

体育教师在进行备课时，要考虑到各种影响因素，因为备课的本质就是一种"预先设想"，在教学实施的过程中会存在一些不确定因素，备课就是以我们思考的结果为依据，将教学内容操作化，编排成可供学生学习的过程。

---

① 侯付禄.高校青年体育教师备课应注意的六个问题［J］.考试周刊，2012（17）：115.

在备课过程中最主要的就是根据单元教学设计方案，制定出课堂教学方案。备课其实是不断细化的过程，在备课的过程中要对各种因素进行全面充分的衡量、分析、评判，其中包括课程、学生、教师自身、教材、场地器材等。

因此，教师有必要掌握备课过程中需要遵循的一些基本的、体育所独有的理论和规律。

（一）体育课程教学的内涵

学科核心素养是学科育人价值的集中体现，是学生通过学科学习而逐步形成的正确价值观念、必备品格与关键能力。体育与健康学科核心素养主要包括运动能力、健康行为和体育品德。

1. 运动能力

运动能力是体能、技战术能力和心理能力等在身体活动中的综合表现，是人类身体活动的基础。运动能力分为基本运动能力和专项运动能力。基本运动能力是从事生活、劳动和运动所必需的能力；专项运动能力是参与某项运动所需要的能力。运动能力的具体表现形式如下：

（1）体能。体能是学生竞技能力的基础，是学生身体机能能力、体育运动能力的综合体现。一般而言，体能是通过力量、速度、耐力、灵敏度、柔韧性、协调性等运动素质表现出来的人体基本的运动能力，是运动员竞技能力的重要构成因素。

体育课对学生进行体能训练，不仅是由它的学科特点所决定，也是当今社会对学校体育的诉求。为此，作为一线体育教师，虽然无法改变社会、制度、环境等因素，但是可从自身做起，从体育教学有效设计的角度，研究制定运动项目教学指南，利用"体育课堂教学"这块阵地，切实提高学生的运动技能，发展体能，为增强学生体质或者提升学生健康水平助力，努力提高体育教学质量，使学生养成终身体育锻炼的习惯。但学生在校时间是有限的，因此，需要家长利用学生在家的时间带领学生积极参与体育锻炼，促成课内、课外一体化，以促进学生体能水平的提高。

（2）技战术能力。技战术主要包括技术和战术。技术更多是针对个人而言的，是指学生对学习的动作内容掌握的程度，而战术则不仅仅是针对个人而言的，对于集体项目来说，战术更多地会涉及多人的协作配合，这体现学生通过学习后运用技术与对情境理解的能力。因此，技战术能力主要是指学生通过学习和练习后，对相应技术与战术的运用能力，对体育学科来说，这是核心素养中需要培养的重要方面。

（3）心理能力。运动员心理能力即指运动员与训练竞赛有关的个性心理特征，以及依据训练竞赛需要把握和调整心理过程的能力。一方面，在竞技运动训练与竞赛中，运动员的体能、技能、战术能力以及运动智能，都只有在其心理能力的参与配合下，才能得到充分的体现；另一方面，在不同的条件和不同的状况下，心理能力在运动员竞赛能力中的价值也有所不同。不同类型的运动项目对运动员的心理能力有着不同的要求，不同水平的选手比赛时心理能力的作用也不同。

2. 健康行为

健康行为是增进身心健康和积极适应外部环境的综合表现，是提高健康意识、改善健康状况并逐渐形成健康文明生活方式的关键。健康行为包括养成良好的锻炼、饮食、作息和卫生习惯，控制体重，远离不良嗜好，预防伤害事故和疾病，消除运动疲劳，保持良好心态，适应自然和社会环境的能力等。健康行为的具体表现形式为体育锻炼意识与习惯、健康知识掌握与运用、情绪调控、环境适应。

随着学生的成长，学生对社会的接触也越来越多，部分青少年接触到一些不健康的行为，极大地危害了学生的健康成长。而体育锻炼是促成学生健康行为的重要手段之一，所以体育课堂的合理教学有着十分重要的意义。体育教师需要使用有效的教学策略，增加学生对体育课的兴趣，提高体育课堂的效率，培养学生科学从事体育锻炼的意识和习惯，从而培养学生的健康行为。

3. 体育品德

体育品德包括体育精神、体育道德和体育品格三个方面：①体育精神包括自尊自信、勇敢顽强、积极进取、超越自我等；②体育道德包括遵守规则、诚信自律、公平正义等；③体育品格包括文明礼貌、相互尊重、团队合作、社会责任感、正确的胜负观等。

培养学生良好的体育品德是德育的重要内容，也是体育学科所赋予的内在要求，是由其自身的学科特点所决定的。如对于篮球项目来说，个人技术能力固然重要，但不能因为注重个人意识，而一味地凸显自己的"实力"，忽略团队成员之间的协作。因为即使所有队员的个人能力都很强，也未必能取得最终的胜利。在体育竞技中，既要求参赛队员发挥个人能力，又需要团队的合作。因此，在体育课的预先设计中就应注重学生合作意识的培养，这是体育课程改革中对体育"育人"功能的进一步彰显。

体育课的特点是需要承受一定的运动负荷，而当前部分学生娇生惯养，怕苦、怕累是他们的典型心理特征。学生各自的身体体能和意志力较弱，在体育教学过程中，不少学生在遇到需要耐力、技术难度高、身体对抗激烈的项目时就胆怯、退缩。出现这种情况时，教师在教学中要有耐心，循循善诱，进行有的放矢的教育，既要耐心地讲解、示范每一个动作的要领，又要对学生的进步及时鼓励，使学生逐渐消除畏惧的情绪。通过反复训练，学生有了克服困难的勇气，逐渐培养起不怕苦、不怕累、敢担当、不屈不挠的意志品质。

体育教师应该树立新的理念，多进行学习，可以通过参加教研活动、访问专家、阅读学习、搜集科学论文资料等不断思考与提升自我，使自己课前所设计的教学方案更贴近课程标准的理念与要求，为课堂有效教学打下良好基础。

（二）高校学生的发展规律

了解学生是备课中的一项重要内容，学生不仅是教学的对象，而且是学习的主体。教学是师生的双边活动，不仅需要教师的积极性，还需要学生的主动性。备课不备学生，不了解学生的情况，就很难掌握好适宜的尺度。因为教学内容的安排要考虑学生的机能状态；教学任务的确定要依照学生的素质水平；教学方法的选择要推敲学生的接受能力；运动负荷的大小要适应学生体质的强弱。

备课时只有充分、全面地了解学生，才能做到因材施教。对学生了解得越多越全面，备课依据就越充分，教学针对性就越强，教学效果也会越好。备课是上好课的关键之所在，教师通过备学生，可以加强备课的目的性、针对性和实效性，从而优化教学过程，发展学生潜能，促进学生人格健康发展。

（1）身体素质发展。高校阶段的学生身体增长的速度逐渐减缓，他们的身体发育基本成熟，骨骼已基本骨化，神经系统发育完全，大脑皮质和机能已达到成人水平，兴奋和抑制过程基本平衡，第二信号系统起着重要的调节作用，但神经联系的复杂化和大脑活动的机能仍在日趋完善。

教师在备课时，应该抓住学生身体素质的关键期，有针对性地设计一些身体练习项目或内容，以促进学生身体素质的发展。

（2）人类动作发展。人类动作发展对体育学科的学习来说是非常重要的支撑理论，因为体育学科本身以身体练习为主，在学习技能的过程中，其基础就是动作。因此，教师要了解动作的发展规律、发展特征以及发展序列。教师在备课时，所选择的教材、内容要符合该年龄阶段学生的动作发展规律，并且能够判断学生动作能力或技能水平是否符合特定年龄段的发展水平，以及识别学生动作发展的正常序列，避免动作发展滞后带来的学习和生活障碍。

人的动作发展具有一定的时序性，教师在备课过程中所需选择的教学内容、方法、手段等都应该注意每个阶段学生在动作发展层面上的需求，注重对各时期主要动作的干预教育。

体育学习最重要的就是为后续的发展打下良好的基础，而这一基础就是发展好学生的基本动作技能水平，这样能够更好地为后续的体育学习和锻炼打下坚实的基础。动作技能的学习与发展是一个不断变化的过程，是遵循人类动作发展的序列而发展的。

（三）高校体育课堂的教材

从体育学科本身来说，由于体育项目的种类丰富多样，所以可供选择的教材也就比较广泛。例如，田径中的跳远、铅球等，球类中的足球、篮球等都有各自的教材。教材是进行教学的基础，是解决教什么和为什么教的关键，对教师课前准备、科学制定教学策略有重要意义。

1. 解析教材的意义

分析教材是整个备课工作的基础，也是备好课的主要环节。只有把教材烂熟于心，才能为备好课提供必要的条件。对教材的理解和分析是备好课、上好课和达到预期教学目的的前提和关键，对顺利完成教学任务、实现教学目标具有十分重要的意义。

（1）对教材的理解和分析，有助于教师掌握体育教材的逻辑体系。分析教材有助于教师掌握教材的逻辑体系，尤其是体育学科的学习，它是以身体练习为基础的学科，在动作技能学习上有一定的逻辑性。因此，只有全面熟悉、分析教材，清楚前后学习内容之间的关系，才能够把握好教学活动的高效性。

（2）对教材的理解和分析，有助于满足学生的发展需求。分析教材能够使教师清楚教材的价值所在，尤其是对体育教材的分析，可以知道教材的教育价值所在，继而组织编排适用于教学对象的学习内容，最大限度地促进学生的身心发展。

（3）对教材的理解和分析，有助于教师科学地设计教学活动方案。分析教材能够了解整个教材的基本内容，清楚教材中各部分之间的结构体系，把握好教材的特点。在分析教材的基础上，选择必要的学习内容以丰富教学内容，促进学生的学习，使教师对教学活动进行科学的设计，达到教学活动方案的最优化。

（4）对教材的理解和分析，有助于全面贯彻和落实体育与健康课程标准。通过认真钻研教材，全面理解和掌握教材，深刻理解教学目的和任务，把知识、能力、情感态度和价值观等培养目标具体化，并把它们合理地内化到整个学期的各单元以至每节课的教学之中。

此外，钻研教材不仅是教师教学工作的重要内容，也是体育教师进行教学研究的一种主要方法，是教师教学能力和创造性劳动的充分体现，对于教师业务素质和自身素质的不断提高、教育理论知识的加深理解、教学质量的提高都具有十分重要的意义。

2. 体育教材的类型

由于体育项目的种类丰富多样，所以可供选择的教材也就比较广泛，而教材又是我们进行教学的基础，是解决教什么、怎么教的关键。不同类别的运动技能教材，在进行设计和实施中的教学模式是有区别和侧重的，准确把握动作技能"类"的归属是有效教学的重要一环。因此，教师应该对体育教材的分类有一定的了解。

体育学科的学习，应考虑的是具体的内容，即具体的运动技能。作为教师应该对学生学习的内容进行具体化的分析，这将有助于教师对教材的把握，保障设计的科学性。运动技能依据不同的标准分类，使教师对运动技能有不同的理解。尤其是划分有助于教师对教学内容的深入了解，以便于教师对教学计划方案的设计。

针对运动技能的学习来说，将运动技能划分为开放式和闭合式两类是我们认为目前与体育学习特点比较契合的分类方法，这种分类法能够更好地服务于体育教学。以这种分类形式来设计和实施体育教学活动，能够使体育教师更好地理解教材的特点，能够有效促进学生运动技能的学习。

开放性运动技能主要根据外部环境信息的反馈进行调节，动作时空结构须根据外部环境变化做出相应调整。运动员在做出技术动作之前要事先判断周围情境的变化，选择相应的技术动作，即操作的环境线索可预测程度低、不稳定。以足球为例，在运球过程中，必须判断对手的位置、速度、方向，以及对手之间的位置、过人空间，才能决定采用何种技术动作绕过防守队员。在这个过程中，对手的各种信息就是情境变化，这一类基于即时情境变化刺激的运动技能称之为开放式运动技能。综观体育课堂教学的项目，如篮球（不包括罚球）、足球、排球、羽毛球、乒乓球等，都是开放式运动技能项目。学习这类运动技能应达到减少开放性或不可预期性的目的，使学习者确切把握环境的变化，具有处理外界信息的能力与对事件发生的预测能力。

根据开放式运动技能的概念，环境的变化性是开放式运动项目技能学习的核心特征，从外界环境变化到动作技能本体应答，这个学习的过程与原理在诸多开放式运动技能中是相通的。据此，可以从本体感知（对手、同伴意图、环境的感知、预判能力）、环境外显特征（动作、器材的变化）、本体决策（瞬时、合理的技术选择）和本体应答行为（合理的动作技术）四个阶段来理解开放式运动技能的形成过程与原理。

开放式运动技能的学习原理并不否认学习基本技术的重要性，而是强调在整体环境中交互学习基本技术。近年来，在开放式运动技能——球类教学中出现了许多新方法，例如领会教学法就是根据开放式运动技能特点产生的。

领会教学法把体育课堂教学的着眼点从传统的强调动作技术的发展调整为培养学生的认知能力、瞬时决断能力及兴趣。将学生认知能力和战术意识的培养作为球类教学的重要内容，将训练学生应付球类运动中的各种复杂情况和突发问题的能力作为教学的关键，并根据学生的实际情况，开展有差异性的教学，因人而异地教授各种技巧动作，最大限度地提高学生的参与度。

领会教学法强调组合技术的整体性与实用性，教师对运动技能的传授要从前后关联的整体性思路入手，从教学之初先让学生参与降低要求的比赛（称为简单的对抗赛），使学生在实践中领会学习运动技能的重要性，从而产生"有意义学习"，然后再进行常规的运动技能学习，使学生充分认识到运动技能学习的意义所在，提高学习动力与效率。这种方法将学生技术动作的学习寓于攻防对抗之中，使学生能够更好地理解与把握球类运动的本质规律和不同技术之间的内在联系。学练过程增加了比赛中应用性练习的次数，节约单个技术教学的时间，使得学生的实践与理论得到较好的统一。

闭合式运动技能在多数情况下主要依靠内部本体感受器的反馈进行调节动作的方法顺序，即动作操作的环境线索可预测程度高、稳定性强。运动员在做出技术动作之前不需要考虑外部情境的变化。以武术套路为例，表演者在做动作之前已经知道下一个动作是什么，只需要考虑动作的准确性、规范性就可以完成技术动作。这类不需要考虑外部情境变化、具有一定指向性的运动项目称为闭合式运动技能项目，如健美操、武术套路、跳高、跳远、铅球等。

闭合式运动技能学习的规律基本上是反复地练习，从而建立对该项运动的一种记忆。这是闭合式技能学习的过程，属于本体感受器所介入的反馈进行调节的动作，完成动作时外部环境在本质上是相对稳定的，要求动作尽可能稳定、精确，如体操、射击、游泳、掷全球、铅球等。学习这些技能的关键在于反复练习，直到达到理想的模式和自动化程度。

不同的运动项目有着不同的运动技能特征，根据运动技能结构的不同，将运动技能加以分类，可以使教师的教学更具有针对性，目标更明确。但是，这样按照某一特定标准来划分不能涵盖运动技能的所有特征，同一类型的运动技能仍然存在对学练方法产生影响的差异性特征。

通过对体育运动技能分类的分析，能够使教师清楚体育教材或教学内容的不同，会使教师在设计的过程中，无论是在内容的编排上，还是在教学方法的选择上，都会有所差别。教师在设计教学时，一定要了解项目的特征，比如篮球是怎么样，可以设计哪些形式（也可以说是内容组合、练习形式）等，但一定是围绕篮球的整体特性设计，包含着该类运动的核心性关系，篮球的整体特性是同一场地内交错进行的进攻—防守型运动，而不只是单独的运球、投篮、传球等技术练习。

因此，将运动技能划分为开放式和闭合式两类，能够真正地反映出体育学科学习的最大特点，同时为后续的教学设计奠定基础，也为体育的有效教学提供理论依据。

（四）体育课堂的条件设施

体育教学的支持性条件主要包括学校的场地、器材、人员等各种人力、物力资源情况。体育教学的开展必须要依赖学校的场地、器材来进行，因此教师在备课的过程中，就必须要清楚学校所具备的条件，以便于所设计的体育课能够顺利开展。同时，了解、分析学校的场地和器材，也会为教学资源的开发改造提供基础。体育课堂准备可以通过思考对学校现有的场地、器材等各种资源进行开发改造，来促进教学。备课也好，上课也好，最终依托的就是学校的物质基础。认真分析学校的客观条件，充分思考所在的外部环境，才能使所备的课具有适宜性。

二、高校体育说课教学

说课作为学校体育教研的一种形式，现已成为教师认真备课、钻研、探讨教学问题的好方法，是提高教师素质、培养造就研究型教师的有效途径之一。说课不仅丰富了备课内容，而且也为促成有效课堂教学奠定了基础。备课是教师凭借掌握的知识及课堂经验去思考设计课堂，而这种思考是隐性的；上课是传授体育知识、技能，培养学生能力的基本形式，说课则结合了备课与上课的优点，教师把自己隐性的思维过程及其设计教学活动的理论依据用简洁清晰的语言表达出来。在说课过程中难免会发现备课中不易发现的问题，通过补充、加工、修改进而提高教学准备的充足性。

说课活动作为一种教学研究的方式，是一种外在的力量，但又需要通过教师自身的参与才能达到目的。因此，说课是借助外力促使教师内因发生变化的杠杆；这种有明确目的、为教学所需求的活动，旨在提高教师素质和课堂教学质量。通过其固有的活动方式，能有效地提高教师的教学业务水平，并在课堂教学研究中发挥它的作用。说课的基本方式是运用现代教学任务分析技术，让教材研究的方式用一定的教学技术规范化，有助于教材研究成为每一位教师都易于掌握的技术，有利于教师把握教材，提高教材研究的水平，使传统的教学活动注入了现代教育的要求。

说课活动极大地调动了体育教师投身教学研究、学习教育理论、精通专业理论、钻研课堂教学的积极性。说课，对于教师了解、研究和评价一节课，专题研究某一教学内容，以及培养和提高教师课堂教学水平具有重要的意义：说课能反映教师课前、课后的各种活动、教学设计理念以及课的实施过程中的教学策略与认识等；这种教研活动为教师寻找到了运用集体智慧共同提升教师教学水平的有效途径；在一定程度上也找到了教学理论和教学实践的有机结合点，找到了课堂教学中的关键要素，即备课、上课、评课的有机结合点。

由此一来，教师将体育教学的理论与实践有机地结合起来，并将备中说、说中评、评中研、研中学集为一体，这是优化课堂设计、提高教学效果、强化教学水平的一种有效途径。这种把个人研究与集体研讨融为一体的教学研究活动，既能集众人的智慧，又能扬个人的风格，使学校教研组活动真正成为落实学校体育教育教学工作的基本阵地。

说课的兴起是教育事业发展的需要，随着教育改革的深入，说课将作为教学研究的一种形式，在发挥其应有的作用中不断发展。说课的好处很多，从不同的角度去看，有不同的答案。根据实践和理解，体育说课在教学活动中的意义主要包括以下五个方面：

（一）营造和谐教研氛围

自从提出了体育说课的概念，广大体育教师就能够迅速地接受它，并且把它转化为自己的教学实践行为。由此不难看出，说课这项教研活动有利于各学科的教师从理论走向实践，有利于教师从实践中不断反思，有利于教师从集体的智慧中汲取营养，这也是一线体育教师教学实践的迫切需要。

体育说课是将静态的个人备课转化为动态的集体探究，由此形成一种发挥群体优势的研讨氛围，教师在说课中所阐述的教学设计，往往是带有自创性的经验成果，它所营造的教研氛围，有助于引导广大教师自觉地从经验型向探究型、学术型转变。

在说课现场，参与的专家或评委的评价能充分体现真实性和准确性，以较高的教育素养、鉴别能力进行高层次的切磋和交流，这就很自然地拓展了教和研的深度，有利于教师认识教学规律、把握教学研究的方法，提高教学研究的能力，有效地改变体育教师只"教"不"研"的现状，促使"教"和"研"的有机结合。

目前，说课主要以一种同事、同行间共同探讨的形式，针对具体问题各自提出自己的看法和建议，养成自觉探究和思考教学问题的良好习惯，这为学校体育教研活动的开展营造了良好的氛围。

（二）促进教师专业发展

体育教师专业发展是教师专业成长或教师内在专业结构不断更新、演进和丰富的过程，包括观念、知识、能力、专业态度、动机、自我专业发展需要的意识等方面。体育说课不仅要求体育教师立足于实践，而且要求教师必须有一定的理论素养，这样才能使说课以一种最精练、最准确的方式把其所有想法表达出来。

短短 20 分钟左右的说课，实际上能够比较全面地折射出一名教师的基本素质。体育说课要求说课者既要有深厚的体育学科专业知识，又要有较好的体育教育教学理论知识，更需要有较强的体育理论联系实际的应用能力和研究能力。因此，教师要说好课，为寻求本人教学特色的理论支撑点，不仅要认真钻研教材，而且要自觉学习相关的体育教育教学理论，还要查阅大量相关教育的信息资料。

说课活动的开展，促使教师从看教学参考书、教案转移到认真学习、钻研教育教学理论上来，把刻苦学习教育学、体育心理学、体育教学基本原理等知识作为一种直接的内在心理需求，养成自觉运用体育教育教学理论指导教学实践的习惯，促进体育教师走"自我更新"的专业发展之路。在基础教育课程改革的背景下，教师传统的教学观念、教学方式将受到前所未有的挑战，其中很多都关系到理论与实践结合的问题，如体育教学理念的转换、教学内容的选择、教学目标的把握、教学方式方法的更新、学生评价的合理性与准确操作等。

每个教育者面对的是不同的教育环境、教学内容和教学对象，这需要教师具备根据实际情况进行有效教学的能力，而不是靠生搬硬套现有的教学模式。体育说课教研形式是在激发个人和集体智慧中融合每一位体育教师的智慧，把个人困惑或难以解决的问题，在集体的智慧中融解。体育教师专业发展的路径很多，有暂时的培训提高，有集中的学习或其他自学方式，而说课恰恰是立足于教师的教学本质，立足于体育教学实践，是对教师真实的教学状态、教学水平的一种检验和激励。同时还能促进教师之间的有效合作，促进学校体育教育整体水平的有效提高。

（三）助于教师教学反思

教学反思是教师自觉地把自己的课堂教学实践作为认识对象，进行全面、深入的思考，再以体会、感想、启示等形式进行总结。反思自己的教学行为，对整个教学过程进行回顾、分析和审视，总结教学的得失与成败，才能形成自我反思意识和自我监控能力，才能不断丰富自我素质，提升自我发展能力，逐步完善教学艺术。体育教师说课是把体育教学理念、教学目的、教学内容和教学方式方法融为一体的过程，反映的是教师对教学理念、教学策略和教学设计的思考。

对于说课者来说，说课是要把课堂教学操作行为以概括性的语言阐述出来。因此，说课对每个教师来说有一定的内在驱动力，能引发教师去思考，去努力完善自我。说课这种活动方式，也无形地引领教师对教学进行比较系统和深层次的反思，反思的意义在于对原教学中一些问题进行归纳和解决。每位体育教师在教学实践中都有自己独特的体验或经验，教师都希望在集体活动中自己能有独特的见解或有所创新，这样的集体活动氛围，有助于激发教师对课程改革的思考，对教学方式方法的更新，以及对如何有效教学的思考。

创新源自对问题和对现状的反思，创新需要一些真正能激活教师思维的动力。说课就能够促成教师在反思基础上去发现问题，去寻找新的突破点，这样就容易引起教师在教学上的创新。因此，说课是一种形式和手段，当我们很好地把握这个手段，很好地对体育教学的规律和本质加以理解和认识时，这种手段就会带来巨大的教学变革。

说课要求教师在对教学设计进行表达时要讲清为什么要这样教，如此设计与众不同之处在哪里，这样就往往将教学思路引向如何改变教学和行为，使得教师能够进一步推进教学改革，实现教学创新。从此种意义上来说，说课是促进教学反思和推进课程改革的有效手段。

（四）搭建教师交流平台

课程改革在很大程度上离不开教师的集体合作，能加强教师间的集体合作意识。体育课程内容庞杂，具有很强的综合性。体育教学活动离不开场地器材的统筹安排，离不开学校体育活动有序的排列和教师之间的配合。体育运动项目繁多，众多学生有不同的运动兴趣与爱好，如何去满足不同性别、不同年龄学生的运动兴趣，如何有效开展体育教学等，这些问题，如果在集体的合作中，就有可能得到解决。

说课作为一种教研活动，能有效地让教师聚集在一起，共同探讨每一个人所遇到的问题，在和谐的教研氛围中，容易达成共识或找到最佳的解决方案。在现实教学中，如何才能有效地把每个教师的实践操作与理论知识结合从而转化为教学资源是每位教师面临的问题。

通过说课可以为广大教师提供一个广泛交流、表达和展示才能的平台。教师可以把自己在教学中总结和秉持的教学观点、教学认识、积累的教学经验甚至是自己在教学中所产生的情感以及自己的所想所思，通过说课的具体形式形象地表达出来，以便与同行进行广泛的交流和总结，这样不但能够提高教师的教学水平，而且还能够通过某一单元、某一课的教学内容概括出新的理念，获得更多经验。

（五）促进体育教学评估

很多学校、教育行政部门由于看到说课这项教研活动在推进教学改革、提高教师专业能力、促进学校整体发展方面有着积极意义，同时具有可操作性、可评价性，所以把说课纳入教学管理、教学评估之中。目前我国很多学校在聘任体育教师时，就以说课来考查入职教师的专业能力和专业水平，所以，说课已成为评估教师能力和水平的一个重要方式。

说课与备课、上课等教学环节既为一体又有区别。说课是对备课、上课等教学环节的规范与制约，但三者又有着共同的目标指向，因而又是统一的。这就要求我们在体育教学实践中既要抓住各自的实质，明确各自的不同任务和特点，不能相互混淆或取代，又不能割裂它们之间的联系，即不能脱离备课与上课去孤立地研究说课。

说课要以备课为基础，以上课为归宿，架起由备课通向上课的桥梁，使各个教学环节构成紧密的链条，以此形成教学设计、说课、上课的理论与实践融合的教学整体。由于没有严格的规范要求，说课内容的逐渐扩大，在体育课堂上应该出现的内容必须在体育说课中出现，这就是混淆了说课和上课的相对独立性，同时忽视了三者之间的辩证统一性，将体育说课作为获得好评、晋升、获奖等的手段，置三者真正目的于不顾，使得体育说课偏离应有的目的和发展方向。体育说课应该服务于教学或服务于教师的专业发展和学生的全面发展。

体育说课的核心问题可使教师在备课、上课过程中的理论依据得以充分体现。体育说课中不仅要说"实"，即说教什么、怎么教，而且还要说"虚"，即说出教什么和怎么教的理论依据。这样就能够使体育教师的教学冲破狭隘的个人经验与习惯，使教学成为高度自觉合理的活动。

第二节　高校体育的微课教学模式分析

目前，高校体育教学方式在科学技术迅猛发展的引领下发生着翻天覆地的变化。"在高校的体育课堂中，运用体育微课进行教学，结合课堂教学与科学技术的使用，展现出当代课堂教学的技术性和科学性，促进了当代体育教学的进步。"[①] 作为新生事物，微课正在成为一种新型的教学模式，它给高校的教学方式带来更多变化。

一、微课的基本认知

"微课"是一个缩写词，它的中文全称是"微型视频网络课程"。大约在 20 世纪末，微课才开始在世界各国流传并被学校应用。微课是一种全新的教学理念，它的发展十分迅速，深受学习者的喜爱。在微课教学中，人们运用最多的教学方式主要有两种：第一种是在线学习；第二种是移动学习，而

---

① 房辉．刍议体育微课在高校体育教学中的运用［J］．当代体育科技，2022，12（1）：61.

且微课教学一般都能够突出教学的重点以及教学的难点，它的教学时间都比较简短，一般在 10 分钟以内，从而能够使学生高度集中学习的注意力，使学生乐于学习并接受这种学习的形式。

从 20 世纪初以来，新加坡的教育学家以及学者就开始深入研究和探讨"微课"，这些学者经过一定时间的研究得出微课的定义，即微课是一种利用先进的网络技术来辅助教学，从而达到一定教学目标的微教学材料。在他们的研究结论中，微课的显著优势就是把现代先进的信息技术手段和传统的教学材料进行结合，从而使教学更加具有层次感，使教师的教学能够突出重、难点，同时为学生的学习创设一种十分轻松的学习氛围。

微课也是一种课程，在教学中采用的呈现方式主要是教学视频。在实际的微课教学中，教师通常都会围绕一定的知识点展开讨论，结合微课视频开展一系列教学活动。从广义的视角进行分析，"微课"就是一种解说或者一种演示，这种解说或者演示是围绕某个主题的知识点展开，同时微课视频通常都比较简短，因而人们可以突破时空的限制，利用微课开展碎片化的学习，学习者的主要学习形式就是在线学习；"微课"设计的主要目的就是为了满足学生的实际学习需求，"微课"是以微课视频为主要载体的信息化教学活动。每个学生都是独立的个体，学生之间存在个体差异，因而微课能够使学生根据自身情况开展学习，能够实现学习的个性化。需要强调的是，"微课"和"微视频"是两个不同的概念，二者之间有一定的差异。具体分析而言，微课包含很多部分，如微视频、微课件、微练习等，因而微视频是微课的一部分，并不是微课的全部。

（一）微课的显著特点

微课是一种新的教学方式，因而和传统的教学方式相比具有很多显著的特点，主要包括以下五个方面：

1. 多元真实的特点

微课的多元特点主要是指微课的资源形式非常丰富，不仅包括视频形式的微课资源，还包括微教案、微课件等教学资源，教学资源的形式是非常多样化的。和我国传统的课堂教学模式相比较，微课这种多样化的教学资源可以提升学生的学习兴趣，使教师的教学更加精彩。在日常的教学实践中，无论是教师还是学生，他们在利用微课资源时都能够从中学习到很多东西。

对于学生而言，学生在微课学习时，可以利用相应的微练习来对已经学习过的知识进行练习和巩固，还可以利用相应的微反馈来检查自己的学习效果，并查看错误题目的答案，巩固自己的知识。这整个过程可以大幅度提升每个学生的思维能力，使学生对自己的学习能力有更加清晰的认识。

对于教师而言，教师在制作微课的过程中也可以学习很多微课制作技巧，可以升华自身的教学技巧等，这个锻炼的过程也有利于教师的专业发展。微课的真实性特点主要是指微课在设计时都会选择真实的场景，从而使教师将微课和传统课堂教学结合起来。具体分析而言，教师在选择微课场景时通常都会选择和所学专业相关的场景，如教师通常会选择学校的体育馆等场所来录制体育教学中相关的微课视频，又如教师通常会选择专业的化学实验室等场所来录制与化学教学相关的微课视频资源，这样能够体现出微课的真实性。

2. 主题明确的特点

教师在教学实践中应用微课的主要目的是解决很多传统教学模式在课堂中无法解决的教学难题。例如，教学的知识点复杂且缺乏一定逻辑性、教学的重点和难点不突出等问题。

一般情况下，教师在制作微课视频时，已经有了明确的主题，一般教师制作的微课，都是围绕着教学中的重点知识或者难点知识展开的，这样微课教学就能够有鲜明的主题，也能够易于学生的理解，帮助学生理清学习的思路，使学生轻松地掌握教学中的知识点。

3. 实践生动的特点

由于微课开发的主体是广大一线教师，加之微课开发的本身就是以学校的教学资源、教师的教学与学生的学习为基础的，越来越多的学校通过微课这种新的学习方式进行探索研究，挖掘本校微课建设，本身就具有很强的实践性。

在实践过程中，需要注意微课的表达方式，生动活泼不仅体现在精美的画面、动听的音乐以及明确的主题上，还体现在精心设计的流程及其相应的互动方式上。

4. 弹性便捷的特点

在我国传统的教学模式中，课堂教学时间一般都是固定的，即每节课一般规定为 45 分钟。在微课教学中，微课视频的时间一般都比较短，只有 5 到 10 分钟的时间，因而年龄比较小的学生在学习微课视频时比较容易集中注意力，不容易分心，而且这些短小的视频也很容易吸引学生的注意力，激发学生的学习兴趣。

此外，微课的资源易于下载和储存，学生只需要携带移动设备就可以随时随地开展学习活动，非常便捷，具有极大的灵活性。

5. 共享交流的特点

在互联网时代，网络为人们的生活提供了很多便利，它的显著优点就是可以实现资源的共享。

微课还可以为教师和学生提供一个网络信息交流的平台，当教学结束之后，教师就可以把相关的教学视频资料上传到网络上，从而供其他教师以及学生学习和借鉴，这也有利于教师之间的切磋和学习，促进教师专业发展。

（二）微课的类型划分

微课的类型划分并没有唯一的标准。按照不同的标准，微课可以有不同的分类方法，每种分类方法又可以划分出不同的微课类型。

1. 按照用户与主要功能划分

按照用户与主要功能进行划分，微课主要有以下类型：

（1）学生学习型微课。学生学习型微课的主要用户是学生，一般是通过录屏软件来录制的，将各学科知识点的讲解录制下来，每个知识点大概在十分钟以内。这样学生可以根据自己的学习情况，选择自己需要的微课视频来学习。这类微课是翻转课堂教学的重要组成部分，是微课建设的主流方向。

（2）教师发展型微课。教师发展型微课的主要用户是教师，这种微课的主要内容包括教学理念、教学方法、教学评价机制等，主要是对教师的教学技能进行培训，也是教师设计教学任务的模板。教师发展型微课用于教育研究活动、学校教师培训、教师网络研修等，这样可以提升教师的教育教学能力，改善教师工作方式，促进教师专业发展。

2. 按照教学目的的方向划分

从教学目的的方向进行划分，微课主要有以下类型：

（1）讲述型微课。讲述型微课是一种通过口头传输的方式来教学的微课类型，教师在课堂上主要对重点和难点知识进行讲述。

（2）解题型微课。解题型微课是通过对一些典型的例题进行解析，来对其中的知识点进行教学的类型。

（3）答疑型微课。答疑型微课是通过对学科中存在的一些疑点进行分析，然后获得答案来进行授课的类型。

（4）实验型微课。实验型微课对自然学科比较适用，例如生物、化学、物理等学科，可以通过实验步骤来学习其中的知识。

3. 按照微课录制的方式划分

按照录制方式进行划分，微课主要有以下类型：

（1）摄制型微课。摄制型微课是通过电子设备如录像机、摄像机等来录制课件的方式，可以将课堂上教师讲解的一些知识摄制下来，形成教学视频。

（2）录屏型微课。录屏型微课是通过使用录屏软件来录制微课视频的一种方式，如可以使用 PowerPoint（PPT）、Word、画图工具软件等将教学内容整理出来，然后在电脑上讲解，在讲解的同时使用计算机上的录屏设备进行录制，可以将声音、文字、图画等内容收录进来，经过进一步制作之后就形成微课视频。

（3）软件合成式微课。软件合成式微课是指事先制作好教学视频和图画，然后根据微课的设计脚本，导入不同的内容，通过重组形成一个完整且系统的微课视频。

（4）混合式微课。混合式微课包含以上类型，将之混合使用就成了混合式微课。

二、高校体育微课教学模式的应用价值

（一）有助于体育教学模式的改革

对高校教育来说，微课是十分宝贵的教学资源，同时也为高校的教育教学改革奠定了重要的基础。微课的价值和意义是深远的，不仅会对学生产生很大的影响，还会对教师产生很大的影响，同时也有利于教师的专业发展。在我国一直实施的教学改革中，微课也是重要的组成部分。

目前，随着信息技术的快速发展，已经有各级各类的高校开始尝试在线教育，在线教育成为高校教育重要的补充方式。在人们的日常生活中，有很多场合运用了在线教育，如寒假或者暑假期间，学生利用在线教育完成教师安排和布置的教学任务。在具体的在线教育实践中，微课就成为重要的学习资源。微课的优点很多，内容重点突出、时间比较短，能够快速吸引学生的注意力等。

微课的这些优点使微课成为在线教育重要的学习资源。对于教师而言，教师如果直接从网络中下载教学视频资源，往往还需要花费大量的时间和精力来处理这些教学视频资源，而如果利用微课开展教学，则可以省去处理的时间，因为微课往往知识点清晰，易于使用。

（二）有助于体育教师的专业发展

通常情况下，教师在教学实践中主要是向同行学习，从他们身上学习宝贵的教学经验。然而在一个学校里面，教师的数量毕竟是有限的，教师在实践中可以学习和参考的教师是有限的。在体育教学中开展微课教学，则可以使教师扩大自己的交际圈，体育教师可以认识很多其他优秀体育教师并学习他们的教学经验，反思自己的教学过程、方法等，从而改进自身的教学方法。

微课资源的制作者就是辛勤的教师，这些微课包含教师的教学思路和智慧，因而在教师实践社区中，不同的教师在交流和探讨微课资源时，也是在学习和借鉴其他教师的智慧。这种交流和沟通有利于体育教师的专业发展。

（三）有助于校外教育形式的改变

随着越来越多的人熟悉和应用微课，目前我国有不少的在线教育企业尝试着把微课应用到在线教育实践中，从而体现出微课的商业价值。在线教育中，微课的应用非常广泛，并取得了显著的教学效果。

随着信息技术的快速发展，我国涌现出很多开展在线教育的企业，其中有一些企业最初是开展线下课外教育，后来进一步开展线上教育。虽然这些在线教育企业的发展步伐并不一致，但是他们都在教学实践中融入微课，这种线上教育模式具有很大的优势，能够为学习者营造良好的学习氛围，并节约学习者的时间，提升学习效率。

（四）有助于明确体育教学的内容

微课程教学通常针对的是课堂教学中的重难点内容，学生在经过微课程学习之后，能够对重点知识形成系统的把握，也能够对学习中的难点有一定的了解，从而积极寻求教师的帮助。体育教学利用微课程开展教学，能够在很大程度上提升课堂教学的针对性，由于前期学生已经自主学习了相关的内容，教师在开展课堂教学时会更加顺利。与此同时，教师还可以根据学生的学习情况进行一定的补充与延伸，不断增强学生的体育学习效果，从而促进体育教学水平提升。

体育教师在对微课程的内容进行设计时，不仅需要根据高校的教学要求，还要充分考虑学生的实际学习需求，不断优化教学计划与知识结构，以促进体育教学目标的顺利达成。

除此以外，由于微课程教学充分利用了多媒体的优势，将文字、图片、音频、视频等资源有机地整合在一起，使体育教学内容更加直观、形象、生动，从而营造出良好的学习氛围，有助于增强学生对知识的理解与记忆。

（五）有助于激发大学生的积极性

大学生追求个性、敢于突破，对事物充满好奇心与新鲜感。微课程是一种新兴的教学形式，对于大学生来说，具有非常强的吸引力。将微课程应用于高校体育教学，能够为学生提供一种崭新的学习平台，增加学生之间的互动交流，使学生的学习更加高效与便捷，从而最大限度地激发学生的学习主动性与积极性。

在体育微课程教学中，教学视频是最主要的教学载体，教师围绕教学内容，选择合适的素材，制作教学课件，设计教学环节，并辅之以必要的教学反思、教学点评、测试考核等，从而构成涵盖诸多内容的体育教学微课程。这样的体育教学具有内容充实、结构紧凑等诸多优势，能够极大地激发学生的学习积极性，从而促进体育教学质量的不断提升。

除此以外，教师在运用微课程的时候，还可以充分利用网络平台设置各种各样的互动活动，增加师生之间以及学生之间的交流，营造良好的教学氛围，建立和谐的师生关系，使学生在轻松、和谐的环境中开展各种学习活动。与此同时，教师也可以在与学生的交流互动中了解学生的体育学习情况，并在此基础上对自己的教学计划与教学内容进行适当调整，以促进体育教学质量的提升。由此可见，微课程应用于学校体育教学，不仅是必要的，而且是非常重要的。

三、高校体育微课教学模式的应用条件

（一）先进的教学理念

先进的科学技术对人们的生活产生了很大的影响，可见科技创新的影响范围是十分广泛的，同样也冲击着教育行业。在这种时代背景下，教育领域的学者们提出了一个新的名词，即教育信息化，这也是21世纪我国教育乃至全球教育发展的一种大趋势。总之，教育信息化就是指人们把现代先进的信息技术等手段应用到教学实践中，从而改革传统的教学模式，探讨新的教学方式。

随着信息技术的快速发展，教育信息化的思想和理念被越来越多的人了解和接纳。在此基础之上，国家教育部也推出了相关的教育发展规划等，从而指导我国教育在教育信息化背景下的发展。

微课这种创新的教学理念，就是在这样的大环境背景下诞生的，并被人们接受。随着现代信息技术的迅猛发展，网络开始在人们的日常生活和工作中普及，并改变着人们的生活和工作方式。计算机网络具有显著的优势，它能够使世界各地不同种族的人们之间的交流变得更加容易，使人们的交流和学习可以突破时间以及空间的限制等，人们可以利用零碎的时间开展日常的学习。在计算机网络的帮助下，涌现了很多利用网络的在线教育模式，如远程教育、虚拟教学等，这些先进的教学模式和传统教学模式有较大的差异，他们的学习效率更高，能够使学生的学习模式变得更加多样化，同时满足学生个性化的学习需求。

在教育信息化的时代背景下，教师的角色和任务也相应地发生了一些转变。在传统的教学模式中，教师在课堂中授课的主要任务就是向学生传授一定的科学知识，然而在教育信息化的教学中，教师的任务不只是向学生传授科学知识，还要负责组织、协调以及评价学生学习活动的任务，这也对教师提出了更高的要求。随着信息技术的快速发展，我国传统的教学模式已经无法满足大多数学生的个性化学习需求，这时人们运用较多的就是碎片化的学习以及移动学习。这些新颖的教学模式深受学生的喜爱，因为这些创新的教学模式能够满足学生的实际学习需求，提升他们的学习效率和兴趣，也有利于提升学生的自主学习能力。

人们选择把微课视频应用到碎片化以及移动化学习中的主要原因在于微课视频通常都比较短小，内容重点突出，视频的时间控制比较合理等，这样人们就可以充分利用课余的时间或者零碎的时间来学习某个主题的知识点，提升时间的利用率。对于学习者而言，他们要在自己的移动设备如手机或者平板电脑中下载微课视频，通常不需要消耗很多流量，而且这些微课视频一般所占内存很小，不会占用移动设备很多的存储空间，不会影响移动设备的正常使用。这样学习者就可以提前把微课视频下载到自己的移动设备中，从而利用零碎的时间学习自己感兴趣的知识等。这种学习方式也能够满足学习者个性化的学习需求。如果在学习的过程中遇到了不理解的地方，学生还可以反复地观看微课视频，从而解决自己的疑惑。

（二）优秀的自学能力

在微课教学中，学生必须具备较强的自学能力，才能顺利地完成教师提前布置的学习任务，这就要求每个学生不断提升自身的自学能力。对于学生而言，其自学能力的提升和很多因素有关系，学生不仅要端正学习的态度，还要加强自身专注力的训练、提升自制力以及积极地排除很多消极因素的影响。

在实际的微课教学中，教师可以从三个方面来培养学生的自学能力：①教师要在教学中采用多样化的措施来提升学生的学习兴趣，学生只有对学习充满了浓厚的兴趣，才愿意投入体育的学习中去，才愿意花费时间以及精力来学习体育；②教师在教学中要多多鼓励学生，要多给予学生一些积极的评价，从而使每个学生都能够对自己充满信心，自信心对于学生而言非常重要，它能够让学生不断认可自我，这也可能成为学生不断进步的动力；③体育教师要和学生之间建立一种十分融洽、和谐的师生关系，这样在微课教学中，教师和学生才能处于一种十分平等的地位，学生也能够在十分愉快的环境中学习体育知识，锻炼各项技能。

总之，教师应该在潜移默化中培养学生的自学能力，从而为微课的教学做准备。

（三）成熟的信息技术

随着计算机网络的快速发展，信息化已经深入人们生活的各个角落。现在我国很多地区尤其是很多农村地区都能够实现无线网的覆盖，便捷了人们的生活。人们无论走在什么地方，如超市、学校以及火车站等地，都能够自如地使用无线网络或者移动网络等，这样人们就可以随时利用网络开展学习或者开展娱乐活动。网络的这种便捷特征也使移动化的学习成为可能，这也是移动化学习、碎片化学习开展的基础条件。

在现代信息技术的辅助下，人们的生活和工作都发生了巨大的变化，同样，现代信息技术也在改变着学校的教学方式。目前，我国各级各类的学校都在探索把现代信息技术应用到学校的学科教学中，并取得了一定的成就。这种教育的理念也比较符合中国的教育规划。

随着全球经济一体化的不断深入，中国与世界各国之间的交流变得越来越密切，这也对我国的人才培养提出较高的要求。我国要不断培养高素质、具有较强综合实力的毕业生，才能满足社会对人才的实际需求。因而我国的学校尤其是高等院校都需要不断调整和完善学生的培养模式，更新教育的理念以及教学方式，从而培养能够满足社会需求的人才。在这种时代背景下，把先进的现代信息技术应用到学校的学科教学中是每个教师都应该学习和考虑的问题。

目前在我国大多数学校的教育中，学校都会要求学生在大一就开始学习计算机基础这门课程，并把这门课程列为大一新生都需要学习的必修课。而且这门课程是很多专业的学生都需要学习的课程，并不仅仅是计算机专业的学生。由此可见，我国非常重视让学生掌握一定的信息技术，从而提升学生的综合素质。

教师开展微课教学的核心就是教师利用微课视频开展教学，这离不开现代信息技术的辅助。现在我国很多高等院校都已经配备了多功能的多媒体教室，这些完整的硬件设施也为微课教学的开展提供了有力的设备保障。除此之外，对于我国大多数的学生而言，他们在日常生活中一般都拥有手机、平板电脑等移动设备，这些移动设备已经成为他们生活的必需品。可见，我国移动设备的普及率是非常高的。

此外，对于学生而言，他们在很多场所都可以使用他们的移动设备展开学习，如学校的自习室或者咖啡厅等，因为这些地方几乎都覆盖无线网络，这样学生就可以在这些安静的场所运用移动设备学习和准备考试等，这也是一种自主学习的方式。

四、高校体育微课教学模式的应用要点

（一）整合微课教学内容

学校体育教学涉及的内容非常多，包括体育理论、心理健康、球类运动、

田径运动等，因此教学的任务比较繁重，课程的时间安排上也非常紧凑。虽然体育教学内容多，但是并非所有的内容都适合采用微课的形式来进行教学。所以，教师必须对教材进行深入研究，对其中的内容进行优化与整合，使各项内容有机地联系在一起。

例如，从足球基本技术的教学来说，教师可将此内容整合为四个具体的项目，即基本特点、基本技术、基本战术和基本规则。这四个项目又各自可以划分为三个更具体的层次，即基础内容、提高内容以及拓展内容。基础内容包括运球（脚内侧、正脚背、外脚背）；运球过人；踢球（脚内侧、正脚背）；脚内侧接球；掷界外球；守门员接球。提高内容包括无球技术；大腿接球和胸部接球；头顶球；抢球技术的综合运用；守门员发球。拓展内容包括组织以阳光健身、快乐足球为主题的班级五人制足球对抗赛。经过整合的内容非常清晰明朗，为微课的制作奠定了良好的基础。

此外，学生也可以从整合的内容中选择真正适合自己的内容进行学习，从而有效地满足学生多元化的学习需求。

（二）把握微课设计要点

（1）凸显课程属性。由于微课是一种比较新颖的教学形式，因此很多体育教师对其了解得并不全面，认为利用微课开展体育教学，只要照搬一些其他课程的微课模式就可以了，殊不知，这样的体育微课很难体现出体育这门课程的特色，也会对体育教学的质量造成不良影响。所以，体育教师在制作体育微课的时候，需要以"健康第一"的理念作为根本指导思想，在微课中凸显体育这门学科的特色，使知识、技能的传授同学生的身体锻炼和人格培养紧密结合在一起，不断提升学生的学习、生活质量。

（2）简短有趣。微课的时长通常为 5 ~ 10 分钟，这主要是为了更好地吸引学生的注意力。体育微课的设计也应当将时间控制在合理的范围内，为学生设置简短有趣的学习内容，营造宽松的学习氛围，使学生能够全身心地投入体育学习，培养良好的学习习惯。

（3）创新性。学生是一个思想比较活跃的群体，好奇心强，喜欢接触新事物，因此微课的制作应当迎合学生的这些特点，体现出创新性。具体来说，应当注意两个方面：①微课的内容要具有时代性，贴近学生的生活实际，并且根据具体的情况随时进行更新；②微课的画面以及内容的呈现形式要追求新颖，吸引学生的注意力，如将动作分解融入有趣的小故事中，强化学生的理解与记忆。

（4）系统性。体育课程设计的内容非常多，因此，体育微课的制作很容易陷入碎片化的困境，这样就很难对学生的知识学习起到良好的辅助作用。所以，教师在制作体育微课时，要对教材的主线给予特别的关注，强调知识点组合的系统性。

（5）实用性。体育教学除了理论知识的教学之外，还包括技能的教学，而且技能教学占据主要的地位。因此，体育微课的设计应当尽量做到通俗易懂、实用易学，还要紧紧围绕体育技能的核心要素，将学习的重点加以突出，并且便于学生的自我检测。

第三节　高校体育的慕课教学模式分析

一、慕课的基本认知

（一）慕课与传统课堂间的差异

慕课（Massive Open Online Courses，MOOC），即大规模开放在线课程，是"互联网＋教育"的产物，可以根据这四个单词的组合意义来理解慕课的内涵。

大规模（Massive）在慕课中主要强调的是在这一平台上注册学习的人数很多，同时也强调了注册人数不受限制。

开放（Open）在慕课中主要强调的是这一平台没有针对性，它面对的是全世界任何一个想要学习的人，同时提出了慕课这一平台对学习者没有任何要求，只要想学习就可以在平台上注册学习。

在线（Online）主要强调的是利用计算机网络进行学习的一种方式，强调这一平台的网络性和在线性，强调学生可以根据自己的时间来灵活安排学习。

课程（Course）在慕课中主要强调的是一种课程学习资源，慕课整合多种社交网络工具和多种形式的数字化资源，形成多元化的学习工具和丰富的课程资源。

慕课虽然也是一种网络在线课程，但是与传统的网络课堂之间还是存在一些比较明显的差异，主要体现在以下方面：

（1）慕课的教学目标与课程计划都是非常明确的。通常在慕课开始之前，教师会对课程的基本情况进行简单的介绍，包括具体的课程要求、教学进度安排以及学生需要达到的程度等；此外，学生也需要在上课之前用邮箱注册一个自己的专属账号，并且仔细阅读课程的相关介绍，这样才能够保障教学活动的正常开展。

（2）慕课中的教学视频不是对课堂教学与会议所进行的录制，而是专门针对慕课教学而制作的视频。

（3）慕课的教学视频有一个非常突出的特点，就是由多个长度在 10 分钟左右的小视频构成，这主要是考虑学生注意力的特点。每一个小视频都非常简短精练，而且都重点讲解了一项学习内容，可以有效地吸引学生的注意力，提高学生学习效率。

（4）在微课的教学视频中，设置了回顾性测试的环节，学生只有成功完成测试才能观看下面的视频，否则就要重新观看、学习前面的内容。这样能够有效地提升学生的注意力，使学生在观看视频时更加用心。

（5）慕课针对学生的学习需求，设置专门的作业提交区与学习交流区。学生在开展慕课学习的时候，除了要完成教学视频的学习之外，还要完成教师预先布置好的作业，并且及时提交完成的作业。除此之外，学生还需要参与到学习交流与讨论中，也可以提出自己的问题，通过与教师交流来解决问题。慕课还有一个优势，就是会组织一定的线下见面会，这样一来，学习同一课程的学生除了共同在线上开展学习交流之外，还可以在线下进行讨论、交流和学习。

（二）慕课的基本特征

慕课是信息技术迅速发展的产物，在形成与发展过程中形成了独有的特征。

1. 自主性特征

自主性是一个内涵十分丰富的概念，不同的学者对其理解也不同。下面选取比较有代表性的观点进行具体分析。基于关联主义的慕课推崇者对慕课的自主性特征发表了自己的看法。具体而言，主要包括以下方面：

（1）自主性强调的是学习者在慕课学习过程中自己设计目标，不强调事先目标的设定。

（2）慕课学习中主题是明确的，可以供学习者参考。但是学习者通过慕课平台学习的时间、地点都是不确定的，同时，学习者的学习方式、学习效率、学习快慢等都是不受限制的，也就是说，学习者可以自己决定学习的时间、地点和方式。

（3）除了需要获取学分的学习者以外，其他学习者的课程考核方式都不是正式的。学习者对自己在慕课平台上学习的预期和效果可以自行评判，并没有固定的、专门的或正式的考核方式。

由此可见，基于关联主义的慕课推崇者强调慕课学习完成是学习者自己学习的过程，并在学习过程中自行监督和调控。

总之，学习者结合慕课学习资源，根据自己的实际学习情况，选择合适的时间、地点对慕课上的资源进行学习。同时，学习者根据自己的学习需求，有针对性地与他人讨论和交流，从而通过学习慕课资源来满足自己的学习需求。除此之外，还需要指出的是，慕课与翻转课堂相融合，有利于慕课作用的发挥，也有利于提高学习者的自主性和主动性，从而不断提高学习者的学习水平。

2. 大规模性特征

慕课是大规模的在线课程。因此，大规模性也是慕课的主要特征。众所周知，传统教学是有人数限制的，而慕课教学并没有人数限制，同一课堂上学习的人数可以达到数百万。

随着信息技术的发展，其在教育教学中得到广泛的应用。教育信息化是教育发展的主要方向。而慕课作为不限制课堂学习人数的信息化平台，在教育教学领域日益受到重视。慕课是信息化时代的产物，为世界各地的学习者提供了信息化学习平台。在这一平台上，有来自世界各地数百万的学习者在同一课堂进行学习，从而体现了慕课的大规模性，这也是其他信息化平台无法比拟的。

3. 开放性特征

慕课作为大规模开放式在线课程，具有开放性的特征。关于慕课的开放性，可以从以下方面对其进行分析：

（1）教育教学理念的开放性。慕课平台注重平等性和民主性。同时，慕课平台上的课程资源是面向世界各地、各族人民的，没有任何人群的限制。除此之外，慕课平台提倡，只要想学习的人都可以在平台上进行注册学习，从而学习慕课上的各种资源。

（2）教学内容的开放性。慕课平台上蕴含着大量的网络在线资源，且这些资源的内容是开放性的，没有时间和空间的限制。

（3）教育教学过程的开放性。讲授者与学习者的上课、交流、测试、评价等都是在慕课平台上进行的，教育教学过程是开放的。

可见，慕课有着优质的教育资源，同时将这些优质教育资源上传到慕课平台上，真正实现了资源的全球共享。慕课的开放性有利于促进教育国际化的发展，有利于实现全球资源共享，也有利于世界各地学习者树立终身学习的观念，更有利于促进教育公平化的进程。

4. 技术性特征

技术性也是慕课的主要特征。慕课是信息技术高速发展的产物，与其他的网络公开课程不同，慕课并不是教材内容到网络内容的简单搬移，而是充分利用信息技术的优势，实现讲授者和学习者之间的在线交流与互动。实际上，慕课是将整个教学过程从线下搬到了线上，真正实现了在线课程教学。

同时，慕课作为信息化平台，主要采用短视频的形式进行在线教学。通常情况下，在每一堂课中，慕课所涉及的教学短视频的时长是 15 分钟左右。

在这些短视频中，不仅包括学习的课程内容，还包括一些客观题。学生要对这些客观题进行回答，而慕课平台中的系统将对学习者的回答进行评价，只有回答正确这些客观题，学习者才能在慕课平台上继续学习。

慕课不仅充分利用了信息技术，还将云计算平台融入其中，这样不仅丰富了课程资源，还促进了海量课程资源的全球共享。另外，慕课还融入了大数据技术，在一定程度上促进了个性化教学的发展。除此之外，慕课平台中的各个网站也是精心设计的。这些精美的网站设计不仅有利于提高学生学习的热情，还有利于提高学生的学习效率。

5. 优质性特征

与其他信息化平台相比，慕课具有优质性的特征。众所周知，慕课涉及很多的课程，无论是世界慕课平台课程还是当前比较流行的"好大学在线"课程，都拥有着高质量的信息资源和学习资源。因为，这些慕课平台上的课程资源都是世界各地的学校通过专门的技术团队进行合作开发、筛选、编辑、加工、整理、审核之后上传的。这些慕课资源不仅有代表性，还具有高质量性，这些都为慕课课程资源的优质性奠定了基础。总之，慕课集代表性、典型性、高质量性、优质性等特征于一体，为世界各地的学习者提供了大量的优质教育资源。

6. 以学为本特征

以学为本并不是慕课的表征特征，而是通过对慕课的系统分析，挖掘、归纳、总结出来的一种核心特征。以学为本强调的是以学生的学习为中心，也就是慕课上的信息和资源都要以学生为中心，为学生的学习提供丰富的资源。慕课将信息技术、云计算技术、大数据技术等计算机网络技术融为一体，为世界各地想要学习的人提供了丰富的资源，打破了传统教学模式的时空限制，有利于世界各地的学习者根据自己的实际学习情况和需要，随时随地进行学习，从而获得自己想要学习的知识。

总之，慕课是一种信息化的教学模式，不受课堂人数、时间和空间的限制，学生在慕课平台上学习具有很大的自由性，有利于调动学生学习的积极性。

7.非结构性特征

慕课在内容安排上也独具特色。慕课中涉及的内容都是一些碎片化的知识。这些碎片化的知识经过专业领域教育者的组合形成了形式多样的内容。这些内容也是比较灵活的，可以根据需要随时进行扩充。各个领域不同的教育者对不同学科知识进行处理和集合，从而形成了内容集合。这个内容集合是慕课特有的，里面的知识可以进行再次重组，并利用慕课平台使这些知识彼此关联在一起。

另外，慕课课程标准的设立，有利于提高课程质量，也有利于提高学习者的学习水平。

（三）慕课的教学模式

1.cMOOC 教学模式

cMOOC 教学模式是以建构主义理论为基础的，也可称为是基于关联主义学习理论的 cMOOC 模式。建构主义理论强调学习者主动构建知识，而不是被动地接受知识。不同的人对同一知识的理解也是不同的，就如同不同的人对客观世界的理解也存在着一定的差异。基于此，学习者在学习过程中，不能仅停留在知识的被动接受阶段，而要将自己学习的知识进行自主构建。只有学习者自主学习知识、自主建构知识，并具有很高的学习自觉性，才能高效地进行课程学习，并不断提高自己的学习水平。

同时，建构主义理论也强调了教师角色的转变，即由传统的权威者、灌输者、主导者变成现在的组织者、设计者、引导者。

cMOOC 是信息化时代不断发展的结果，这一教学模式注重信息化、数字化、网络化人才的培养。要想实现这一模式的目标，就必须重视创新。同时，还要培养学生对信息的生产、捕捉、加工、整理等能力。但是，对于学生而言，慕课是一种新的学习方式，且具有很大的自由性和开放性，学生能否及时转变自己的角色，能够高效地进行自主学习、能否对信息进行生产和处理，都需要学生长期摸索。

除此之外，cMOOC 教学模式还以连通主义学习理论为基础。根据连通主义学习理论，以某一个共同的学习内容，将世界各个地区的学习者联系起来，不仅可以实现资源的全球共享，还促进了学习者之间的交流与协作，有利于学习者根据自己的学习情况构建符合自己的学习网络，从而促进自身全面发展。

2.xMOOC 教学模式

xMOOC 主要是以行为主义与认知主义学习理论为基础。

第一，提前了解课程以及课程安排。在 xMOOC 课程模式开始之前，学习者就应该提前了解课程的相关知识，并知晓课程的具体安排，从而进行注册学习。

第二，教师应定期发布课件以及视频。xMOOC 课程模式实施之后，教师应该结合教学目标、学习任务等定期发布一些教学课件，以及教学的短视频，以便于学习者学习。

第三，课后作业应有截止日期。xMOOC 课程之后，教师应该布置相应的作业，并规定作业上交的日期，这样有利于督促学习者在规定的时间内完成作业任务。

第四，应适当安排考试。在实施 xMOOC 课程模式中，教师应该适当安排一些考试，并鼓励学生积极参与考试。

第五，开设讨论组，以便交流。xMOOC 课程模式注重讨论组的开设，在讨论组中，学生可以根据自己的疑问进行线上讨论和交流。如果条件允许，xMOOC 课程模式还可以将线下交流融入其中，从而将线上交流与线下交流相结合。

二、高校体育慕课教学模式的应用优势

（一）促进体育教育的公平发展

在体育慕课教学模式中，全世界范围内的学习者都可以根据自己的学习情况自主选择学习时间和地点。同时，慕课在高校体育教学中的应用，突破了地域经济差异，丰富了教学资源，扩大了学习者的数量，从而使不同地域、不同职业、不同年龄、不同学历的学习者都可以自主学习。可以说，慕课这

种开放性的学习模式，为学习者提供了学习的平台。另外，学习者也可以根据自己的兴趣、特长等进行体育精品课程的学习。在学习体育课程的过程中，学生如果遇到了问题，可以借助慕课平台，与教师、同伴进行交流和互动，从而主动地构建知识，改变了被动接受知识的局面。

总之，在慕课体育教学模式的影响下，教师不再是主导者，学习者成为学习的主体。同时，教师和学生形成了一种平等、和谐的师生关系。另外，慕课体育教学模式为学生提供了公平的学习机会和受教育机会，有利于促进体育教育的公平性。

（二）推动终身体育的学习理念

慕课在体育教学中发挥着至关重要的作用，也是现代体育教学发展的重要方向。随着慕课的发展以及体育教学改革的不断推进，慕课对体育教学的影响也就越来越大，慕课也将会不断应用于体育技能教学、体育技能训练、体育培训、体育实践等多个方面。同时，慕课融多种学科于一体，学习者可以根据自己的学习情况和学习需要，自主学习、自主监督、自主调控，并不断与教师和其他兴趣、特长相同的学习者进行交流和互动，从而不断学习、不断提高，进而促进终身体育学习的发展。

体育慕课教学模式蕴含着丰富的开放式教育资源，有利于学生随时随地进行学习，有利于优化学生获取知识的途径。慕课课程资源具有优质性的特点，这些优质的课程资源有利于吸引更多的学习者来平台注册学习。为推动终身体育学习理念的形成起到了重要作用。

（三）优化整合体育教学的资源

传统的体育教学模式、教学资源单一，已经不能适应现代体育教学的发展。将慕课融入体育教学模式中，有利于教学资源的丰富和优化。基于慕课的体育教学模式不会固守体育教学风格和专业设置，而是充分利用信息技术和网络技术，集多人、多校优质教学资源于一体。同时，慕课平台上的教学资源在内容上具有开放性、在管理上具有智能性。体育慕课教育模式弥补了传统体育教学模式的不足，在体育教学中发挥着重要的作用。

无论是学校体育教学理论知识，还是其他形式的教学理论知识，都是相对枯燥的、艰涩的，难以激发学生的学习兴趣，而体育慕课教学模式充分利用信息技术、云计算技术、大数据技术等先进的网络技术，将枯燥的体育理论知识以信息化的形式呈现出来。这种信息化的形式避免了理论知识的艰涩难懂，从而使体育教学更加鲜活。体育慕课教学视频可以在一个10分钟左右的课程中集中讲解某一体育技术问题或者体育理论知识，还可以在教学中设置一些师生互动活动，这种互动性的活动有利于激发学生学习体育的兴趣。

（四）缓解体育教学的师资压力

随着学校的不断扩招，学生人数不断增加，教学任务也在不断增加，体育师资已无法满足当前学校体育教学以及学生的需求。体育教师面临着繁重的教学压力，同时体育师资力量不足的问题日益凸显。

慕课应用于体育教学中，能够有效解决体育师资力量不足的问题，也能够缓解体育教师的教学压力。教师可以通过慕课平台上的相关数据了解学生的学习情况以及教学质量和教学效果。教师借助慕课平台来获得反馈信息，这样教师可以有更多的精力进行教学设计、方案规划、活动组织、课后辅导等。

慕课平台主要以信息技术和网络技术为载体，集多种开放性、优质性教学资源于一体。基于慕课的体育教学打破了传统教学空间的限制，基本不需要硬件投入。世界范围内的学习者可以根据自己的兴趣和爱好来选择资源和内容进行学习。同时，慕课平台上的教学资源也可以无限制地被学习者使用和学习，这样不仅提高了体育课程资源的利用率，还降低了体育课程资源开发的成本。由此可见，慕课融入体育教学，能够在很大程度上节约体育教育成本。

（五）培养高校学生的自主意识

随着信息技术的发展，体育慕课教学模式可以有效解决传统教学模式中存在的各种问题，具体如下：

第一，体育慕课教学模式有利于学生形成清晰的动作概念。体育慕课教学模式可以将一些连贯而复杂的动作制作成短视频，并通过图片、文字、声音、图像等方式将这些连贯而复杂的动作呈现出来，这样学生可以通过短视频更加直观地学习这些复杂的动作。具体而言，学生可以根据自己的实际学习情况，自己控制观看短视频的进度，遇到某一难理解的动作时，学生也可以利用短视频的暂停、回放等功能来对这些动作进行回看，这样有利于学生形成清晰的动作概念，有利于正确理解动作要领，有利于全面地学习和掌握体育运动动作。

第二，体育慕课教学模式有利于学生一对一在线学习。慕课的主要特征之一就是大规模性，同一课堂上学习的人数可达数百万。但体育慕课教学模式强调在线学习，这数百万的人都是在慕课平台上进行在线学习。实际上，这种在线学习很大程度上是一对一学习，这样有利于学生进行自主学习，有利于弥补大班授课的不足，有利于对学生的学习进行监督和管理。

第三，体育慕课教学模式打破了传统教学模式受时间和空间的限制。体育慕课教学模式不受时间和空间的限制，也不受光线、天气等其他因素的制约，学生可以随时随地进行学习。

传统体育教学模式容易受外在环境的影响和制约，这在很大程度上影响着体育教学质量和效率的提高。而体育慕课教学模式避免了这些外在环境因素的影响，可以不受时空的限制，有利于提升体育教学的质量和效率。

三、高校体育慕课教学模式的应用策略

（一）转变体育教学的模式

（1）由单一办学主体向国际化联盟式办学主体转变。传统学校办学模式比较单一，绝大多数都是单一办学主体进行办学。而随着慕课在学校教育教学中的应用，学校办学模式也逐渐向多个学校联盟办学的模式转变。

慕课是信息化时代发展的产物，突破了传统模式的束缚。尤其是众多慕课平台的出现，并不是单一学校独自开发的结果，而是多个学校多个优

秀教育专家联合共同开发和建设的结果。可见，传统的单一办学模式并不能适应当今信息化时代的发展，如果学校不及时转变办学观念，就会被时代所淘汰，也不利于国际化人才的培养。因此，学校应该意识到慕课平台建设需要国际化视野，并在具体实践中，充分吸收世界各国的优秀办学经验，改变单一的办学模式，将办学视野扩大到国际范围，从而实现国际化联盟式办学模式。

（2）由个体学习模式向团队学习与个性学习相结合模式转变。在传统体育教学中，学生的学习模式是被动的、单一化的，不利于学生团队学习，也不利于学生个性化发展。要想改变传统的个体化学习模式，学校应该将慕课应用于教学中，充分发挥慕课教学的优势，创新教学方法和策略，开发丰富的学习资源，提倡学生间、师生间、群体间、国家间的大规模集成化学习。同时，学校还应该采取多种手段和策略来鼓励和引导学生发展个性，从而真正实现学习模式的团队学习和个体化学习。

（二）加大慕课的宣传力度

加大慕课宣传的方法主要有利用网络平台、学校平台、教师等。除此之外，慕课平台还应该借助自我营销的方式，吸引更多的人注册慕课进行学习。

在加大慕课宣传力度的同时，还应该注重慕课中优质资源的共享，从而使世界上更多的人能够根据自己的特长、兴趣，科学选择适合自己的课程，以满足自己的学习需求。

总之，加大宣传力度有利于更多的人了解并使用慕课，有利于促进优质资源共享，促进教育的国际化发展，实现教育的公平性。

（三）制作优质的特色课程

在体育慕课教学中，学校要注重顶尖团队的培养，从多个层面打造体育核心课程，并充分利用慕课平台实现体育资源的全球共享，从而吸引世界上更多的学习者进行体育特色课程和优质课程的学习。

除此之外，学校还要注重体育非核心课程建设。这是当今时代一专多能人才培养的要求。因此，我国学校应该充分利用慕课这一信息化平台，将世界上优质的体育课程资源融入本校慕课平台中，这样有利于拓展学生学习的范围，有利于激发学生学习的兴趣，提高学生的自主学习能力，从而为一专多能人才的培养奠定基础。

（四）丰富慕课的课程资源

首先，慕课的质量对教学效果有很大的影响。虽然我国对慕课的质量没有制定严格的标准，但是慕课的质量对教育质量有直接的影响，这就要求各个学校必须制作出非常优质的慕课视频，从而提升体育教学的质量。因此，政府、学校、企业等需要制定出一套慕课的质量标准，从而提升慕课质量。教师是慕课资源开发与利用中的重要参与者，其能将慕课教学的作用发挥到极致。因此，学校在进行慕课资源开发时不仅要积极引入高质量资源，还要重视教师在资源开发中的作用，鼓励教师与时俱进，把慕课教学模式引入体育课堂，以提高教学效率。在具体的课堂实施中，教师可以将慕课与体育教学灵活地结合起来，这样慕课就以一个新的、学生更能接受的形式参与到体育课堂中来，同时还有利于调动学生学习的积极性。慕课内容的载体形式是视频，这就要求体育教师在具备扎实的专业知识之外，还需要具备一定的信息技术能力，能够制作短视频。慕课视频要建立一套完整的制作、审核、评价机制，才能制作出一套质量优质的视频。

其次，学校实施慕课教学也是为了满足个性化教学的需求。因此，在制作慕课视频时，教师要充分考虑到学生的需求，打造出可以满足不同学习者需求的多层次慕课课程。一些一流学校的学生具有较高的认知能力，他们适合使用一些难度较高的慕课视频，而对于认知能力不那么强的普通学生来说，需要使用一些难度较低的慕课视频。为建设更高水平的慕课课程，学校可以引进国外的优质慕课资源，从而结合学校的教学实际情况，形成自己特色的慕课教学资源。对于某些少数民族的体育教学来说，他们很难获得比较好的慕课资源，因此教育部门还应该结合当地情况，对其倾斜一些资源，从而满足少数民族地区学生的慕课学习需求。

（五）开发体育精品课程

（1）学校、教师、学生等要多方宣传与推广运用体育类国家精品开放课程。由于我国体育类方面的精品课程较少，学习的人数也较少，因此，体育类精品视频课程播放量也较少。为了使更多教师和学生获得精品课程的益处，学校、教师和学生应该尽可能地通过多种手段宣传精品课程，从而发挥精品课程的最大价值。

（2）完善体育类国家精品资源共享课中体育专业课程的建设。体育类国家精品课程仍然存在一些不足，只有少数的体育课程建设精品课程，而一些体育与其他学科结合的课程还没有建设完善。各个学校还要对慕课与传统体育结合的课程加强建设，申报一些精品课程建设项目，从而不断完善体育专业课中的精品课程资源。

（3）改善体育类国家精品开放课的视频内容，加强课程视频的后期制作。体育类国家精品课程是十分优质的课程，但也存在一些有待完善的地方，例如，可以将视频内容的知识点进行展示，并且加入不同动作的示范画面。在视频的后期制作上，还有一些有待完善的地方。另外，在视频中还可以将重点内容进行着重提示，使学习者在遇到重点时可以集中注意力学习。

（4）开发体育类国家精品开放课程平台的多元化功能。体育类国家精品课程的平台还有一些需要调整的地方，在平台上可以增加一些答疑解惑的版面以及师生交流的模块。这样可以使学生在遇到不懂的问题时及时向教师咨询，并且学生之间也可以就视频观看的理解互相进行探讨。

另外，精品课程平台的开发者还需要设置一个建议模块，让使用这个平台的人有好的建议提交上去，从而使平台不断完善。

（六）改革慕课的教学手段

由于慕课是开放性很强的一种教学方式，因此慕课教学也有着比较多的选择性。慕课平台在网络上不受国界的限制，因此，可以很好地将课程共享给世界各地的人，并且世界各地的人也可以将慕课视频上传到慕课平台，使得慕课平台上的课程资源越来越多。因此，教师可以从慕课平台上找到同一个知识点的很多个慕课视频，选择适合的慕课资源，从而分享给自己的学生。

教学方法对教学效果的影响非常大，因此，为了保证教学效果，体育教师可以适当调整教学方法。教学方法使用恰当，可以充分激发学生的学习兴趣，调动学生学习的积极性和主动性，从而使学生更好地将知识内化。慕课教学模式就是很好的一种教学方式，学校体育教学可以充分借鉴这种教学模式，从而提高体育教学的效果。

第四节　高校体育的翻转课堂与混合教学模式分析

一、高校体育的翻转课堂教学模式

翻转课堂也可以叫作颠倒课堂、反转课堂。这里所说的"翻转"主要是针对传统课堂教学而言的。翻转课堂是人们普遍接受的概念。不管是在国外还是在国内，翻转课堂的定义始终在发生变化，不断完善，这也体现出教育教学研究者对翻转课堂研究的日渐深入。虽然人们对翻转课堂的概念还没有完全统一的界定，但是对翻转课堂内涵的分析研究却从未停止。

（1）翻转课堂就是一种教学形态，由教师创作录制教学视频，学生自己在课下观看视频，再在课上与教师进行交流，并完成教师布置的作业。此前，他们对于翻转课堂的表述大多基于其基本做法，比如学生晚上在家观看教学视频，第二天在教室完成作业，如果有问题就与同学讨论或者向教师求助。这种对翻转课堂的定义，主要是将翻转课堂教学与传统课堂教学相对比，由此突出其特征，帮助人们认识这一教学形式。

（2）翻转课堂是学生利用课前时间借助教师给出的教学资源（包括多媒体课件、视频材料等）自主完成课程的学习，然后再在课中与教师进行互动，一起阐释问题、探究问题，并且完成作业练习的一种教学模式。

（3）翻转学习改变了直接教学的空间，由群体空间转向个体空间，使群体学习空间变得更具动态性与交互性，从而促进学生在学习过程中充分发挥自身的创造性与主动性，积极参与学科学习。

上述三个关于翻转课堂的界定各有侧重，这些界定对翻转课堂内涵的描述主要着重于翻转的形式，说明中国翻转课堂的研究和实践主要还是聚焦于形式上的翻转课堂，对于翻转课堂的本质有待深入。

综上所述，可以将翻转课堂的内涵界定为：将原来需要在课堂上完成的知识传授提前到课前，再将原来需要在课后完成的知识内化放到课堂中完成。至于翻转课堂的教学资源、教学信息技术以及具体的教学组织方式等，都不属于翻转课堂的原始要求，它们都是在翻转课堂实践发展的过程中延伸、演化出来的部分。翻转课堂的本质是赋予学习者更多的自由，将传授知识的环节放在课前是为了让学生自由选择适当的、舒适的学习方式；将内化知识的环节放在课中是为了让学生更多地、更有效地与教师及其他同学进行交流。

（一）翻转课堂教学的兴起

1. 信息技术的推广

第三次科技革命推动了信息技术的发展，随着计算机技术的推广应用，世界各国的生产日趋自动化，科学技术、国防技术乃至管理手段都越来越现代化，同样地，情报信息也在朝着自动化的方向发展。信息技术的变革辐射着人类社会的方方面面，其影响力巨大且深远，教育作为人类社会中的重要领域自然也会受到信息技术变革的影响。

在信息化时代背景下，人们不得不重新审视原有的教育教学制度，重新设计教学模式，从而让现代信息技术在教育领域发挥重要作用。因此，现代教育的目标也发生了一定的改变与扩充，即要求学生能够具备获取信息、分析信息、处理信息、加工信息的能力，具备较好的信息素养。

信息技术在教育领域的渗透会极大地推动教育教学的变革进程，会在一定程度上改变教师的教学模式与学生的学习方式。这是一种必然的趋势，因此，我们必须及时更新教育理念，对现代教育技术予以足够的重视，积极地探索信息技术在教育领域的有效价值，充分利用信息技术的优势发展教育教学事业。

2. 社会需求的推动

现代社会发展节奏快，要求人们能够快速地接受、理解新鲜事物，具备较强的学习能力，拥有较强的求知欲。在飞速发展的社会中，如果不能持续地学习、不断地完善自己，就很难适应时代的变化，人们应该顺应时代、紧跟时代，保持求知欲望，在新的时代背景下不断反思自己的生活。

在未来社会，高层次人才除了要具备专业的知识技能之外，还需具备一定的学习能力、创新能力和发展潜力，并且还要具备自我个性。这就要求现代教育关注社会的需求与人才的培养，努力培养出满足现代需求的优秀人才。

3. 教育形式的变化

教育形式的发展可以从学徒制说起，在工业革命出现之前，人们大多以这种形式开展教育活动。学徒制主要采用现场教学，教学场景基本是真实的工作环境，教学对象往往具有个别性，大多发生在代际间，教学方式就是师父口述、示范，然后学徒在师父的指导下进行实践，学徒制教学模式下培养出了许多技艺高超的手艺人。

后来，随着工业革命的兴起，工厂日渐规模化，社会对于劳动力的需求增加，同时对劳动力的知识技能要求也有所提高。换言之，人们迫切需要普及推广教育，扩大教育规模，提升教学效率，从而在短时间内获得更多的能够满足社会需求的劳动力。显然，学徒制不再符合时代发展的要求，于是班级授课制就产生了。班级授课制是以班级作为教学单位开展教学活动的形式，通常，教师都会根据设置好的课程时间表，向一些固定的学生讲授固定的知识内容。班级授课制满足了工业革命的需求，其原因在于它具备一些不同于以往教育形式的特点与优势，而这些优势实际上一直在教育领域发挥着重要作用。

具体来看，班级授课制的特点主要有三点：①班级授课制具有系统性，能在规定的教学时间内让学生学到大量的知识，并且这些知识不是零散的，便于学生建立知识体系；②班级授课制采用"一对多"的教学模式，一个教师可以向多个学生授课，与学徒制相比，其教学效率得到了极大的提高；③班级授课制以"课"为标准，设置好的"课"决定着教师的教学进程与学生的学习要求，因此教师在进行教学管理时也只需以"课"为中心，统一学生的学习步调，相对较为高效。班级授课制符合工业革命在短期内需要大量人才的要求，其系统性、高效性是促进这一教育形式发展的重要优势。

随着计算机技术与信息技术的普及，人类社会再次有了突飞猛进的发展，信息化时代悄然降临。现代信息社会对人才的要求不断提高，要求人才具备一定的信息技术技能，还要具有应急处理能力，此外，最好还具有一定的创新思维，勇于自主学习，具有探索精神，等等。与工业革命时期相比，信息革命再一次提高了对教育的要求。于是班级授课制的不足也显现了出来，人们必须开始探索新的教育形式。不管是工业革命还是信息革命，人们的思维观念都在这一次次的革命中受到了冲击，新的时代环境要求人们做出新的改变，终身教育与自主学习的理念成为人们推崇的新理念。终身教育要求人们终身学习，始终保持学习的热情；自主学习要求人们根据自己的需求和时代的发展，主动而积极地开展学习，从而找到自己的价值。

通过梳理教育形式的发展变化可以看出，第一次教育革命发生在工业革命的浪潮下，教育形式从个别的、单一的学徒制转变为规模化的、系统的班级授课制。第二次教育革命则受到了信息革命的影响，教育形式开始逐渐由班级授课制转向更为丰富的终身教育、自主学习形式。时代的变迁、社会的发展影响着教育组织形式的变化，因此要想促进现代教育的良好发展，就必须把握时代的脉搏，分析教育发展的现状，找准教育变革的出路。可见，教育变革正面临关键的转折，现代教育事业必须把握时机，积极变革。

4.学生的个体差异

每个个体之间都存在差异，不同的学生也有着不同的学习需求。具体来看，学生在学习过程中的个体差异主要可以从以下方面进行探讨：

第一，学生的学习风格存在差异。每个学生都有着自己的学习风格。有的学生接受能力强，学习速度快，可能会早早地掌握课程内容，之后有可能对教师的反复讲解感到厌倦；有的学生接受能力较弱，学习速度较慢，可能会觉得教师进度太快，难以跟上课程进度，之后也有可能丧失学习信心。学习风格没有好坏，也与学生的智力水平没有关系。我们不能简单地认为学得快的学生就有着较好的学习风格。不同的学习风格还反映着不同的知识掌握能力。有些学生可能只是没有充足的时间来完成知识的内化，如果有了充足的时间，他们对知识的理解或许会比学得快的学生更加深入，对知识的掌握更加扎实，对知识的记忆也更加牢固。

第二，学生的学习动机存在差异。学生的学习动机并不会对其学习过程产生直接的影响，它更多地表现为间接的影响，良好的学习动机能够有效增强学习效果。比如，意志力强的学生可以长期地保持一种积极的学习状态，从而达到预期的学习目标，而意志力较弱的学生则只能保持短时间的良好学习状态，容易半途而废。每个学生的学习动机都不同，教育教学应该关注学生的学习动机，为学生制订个性化的学习目标与合理的学习计划，为学生提供具有针对性的指导，从而帮助每个学生实现自己的学习目标。

每个学生在认知方式、学习风格、学习动机上都存在差异，而这些差异共同构成了他们不同的学习需求，也可以说构成了他们的学习个性。要想满足学生的差异化需求，就必须关注他们的个性，为学生的个性发展予以帮助。

（二）高校体育翻转课堂模式的应用特征

翻转课堂在许多方面都对传统课堂教学进行了革新，作为一种全新的教学模式，它具有一些颠覆传统课堂的突出特征，翻转课堂改变了传统的教学过程，对课堂时间进行重新规划与分配，在传授知识的方式、方法上有所创新，促进了教师与学生身份角色的转变。

1.颠覆教学过程

对传统教学过程的颠覆是翻转课堂最为突出的特征。一般来说，传统教学的过程就是"教师讲授知识—学生完成作业"，这种教学过程把讲授知识的环节放在了课堂上，将内化知识的环节放在了课下，主要由学生自己完成。

翻转课堂的出现将这种教学过程彻底颠覆，它将讲授知识的环节置于课前，将内化知识的环节置于课中，将巩固反思的环节置于课后。具体来说，翻转课堂要求教师在课前就做好相应的教学准备，按照课程目标搜索、整理或自己制作教学视频，为学生提供充足的学习资源，这样可以让学生在课前就完成基础知识的学习，让教师在课前就完成教学讲授；在课中，学生可以在课前学习的基础上提出自己的问题与困惑，教师则能够及时地予以解答指导，并且，教师还可以组织学生进行小组讨论、合作学习，让学生在课堂上就完成知识的内化；课后，教师同样可以为学生提供有针对性的学习资源，帮助其补充知识，巩固记忆，鼓励学生积极进行学习反思。

翻转课堂将传统教学过程完全颠倒了过来，并且对教学过程中各个环节的功能作用进行了重新定位。

2. 创新教学方式

翻转课堂的又一重要特征就是对教学方式的创新，其中最具代表性的就是短小精悍的课程视频，教学视频是翻转课堂教学资源的集中体现。

翻转课堂中的教学视频则在一定程度上改变了这种被动的局面，学生可以通过短小但内容丰富的教学视频来接受知识，并且还可以根据自己的需求暂停、回放、慢速播放视频，这有助于学生把握自己的学习节奏与学习进度，充分鼓励了学生自主性的发挥。在课前或者课下观看教学视频，也会让学生更加放松，在一个相对舒适的环境中学习，不需要神经过度紧绷，如果有不懂的地方还可以反复观看，强化记忆。在之后的复习巩固中，教学视频也发挥着重要的作用。

3. 转变师生角色

教学过程的颠倒、课堂时间的重新分配自然也影响着身处课堂之中的教师与学生，翻转课堂的特征之一就是师生角色的转变。在传统课堂教学中，教师几乎占据着"主角"位置，但是在翻转课堂中，学生成了课堂的中心。学生在学习过程中遇到了问题可以向教师寻求帮助，教师主要负责为学生答疑解惑，提供及时的、具有一定针对性的指导，教师从以往的讲授者变成学习资源的提供者，变成学生学习过程中的引导者、帮助者。这种身份角色的转变向教师提出了更高的要求，教师除了要具备讲授技能之外，还需要具备收集整理教学资源、录制教学视频、组织教学活动的技能。

与此同时，学生在这样的课堂上也需要充分调动自己的主动性，不能再被动地接受知识，而是要积极、主动地汲取和内化知识。学生成为课堂的中心，就意味着学生将成为知识意义的主动建构者，他们可以按照自己的学习节奏、学习步调选择合适的学习时间与学习内容，遇到较容易吸收掌握的知识可以适当加快学习速度，而遇到较复杂的内容可以放慢学习速度，反复观看教学视频，仔细探究学习。学生不能再一味地等待教师给出答案，而是要通过自己的努力寻找答案。此外，师生角色的转换也有助于拉近师生关系，对营造良好的教学氛围有一定的益处，师生之间、生生之间可以交互协作，学生可以在丰富的教学活动中掌握知识内容。学生角色由"被动接受者"变为"主动探究者"。

4. 重新分配课堂时间

对课堂时间的重新分配是翻转课堂的重要特征，具体体现在对教师讲授时间的缩减以及对学生学习活动时间的增加上。在传统的课堂教学中，教师需要把大量的时间花费在知识的讲授上，学生就只能被动地听讲。

翻转课堂则改变了这一局面，为课堂互动、师生答疑、探究讨论等教学活动留出了大部分的时间，期望学生能够在相对真实的情境中完成知识的学习，并且能够学会交流与合作。翻转课堂将教师的讲授环节放在了课前，既保证了教学内容的充足，又有效活跃了课堂氛围，提升了课堂互动性。这种对课堂时间的重新分配有助于加强学生对知识的内化程度，深化学生对学习内容的理解。并且课堂交互性的提升对之后教师开展教学评价也有一定的帮助，教师能够通过学生的互动表现了解学生的学习状况，学生也能在教师的评价中进行反思，更加主动地把握自己的学习。

可以看出，翻转课堂从整体上提升了课堂时间的有效利用率。

二、高校体育的混合式教学模式

（一）混合式教学的基本认知

第一，混合式教学是互联的动态系统。教学过程中的各要素本身就息息相关，在混合式教学中更是如此，甚至各要素的关系更为密切，他们相互关联、互为影响，共同构成了教学的耦合系统。教师与学生作为教学活动的双方，二者都存在自我组织教与学的意识，只不过在能力上表现得有强有弱。有序化的教学过程离不开师生双方的共同努力，师生有着共同的目标，也站在各自的立场接受着相同的信息，由此，学习过程中产生的问题与障碍便具有了一致性，有序化便得以实现。

第二，混合式教学是线上与线下教学的融合。单纯强调在线教学、网络教学的教学方式不能被称为混合式教学，因为混合式教学是在线教学的延伸与传统课堂教学的扩展，更是二者的有机结合体。在线教学与传统课堂教学都存在不可忽视的缺点，即前者容易导致师生互动交流的缺失，学生在遇到问题时无法及时向教师反馈并寻求帮助，教师也无法立刻知晓自己的教学效果；后者则以教师讲授为主，弱化了学生学习的主体地位。在线教学与传统课堂教学均存在不足，哪一种教学方式单独使用都无法实现最佳的教学效果，只有将二者结合起来，相互弥补缺点、发挥优点，才是最好的选择。

混合式教学之所以在教学实践中取得成功，就是因为其将在线教学与传统课堂教学相结合，充分发挥这两种教学方式的优势，这为教师提供了新的教学途径。混合式教学模式对学习者更为关注，其在肯定教师作用的同时，鼓励学生自主探究学习，让学生主动完成意义的建构，形成更为健全的知识体系。

第三，混合式教学重在激发学生的学习兴趣。兴趣是最好的老师，也是学生学习最大的动力，混合式教学就非常注重对学生学习兴趣的激发。

不论是在教学 PPT 制作中，还是教学活动的安排中，或者课后作业的布置中，混合式教学都强调融入趣味性元素，将学生的学习兴趣挖掘与调动出来，这样学生才能主动学习。

（二）高校体育混合式教学模式的应用特征

1. 以学生为中心

混合式教学以学生为中心，根据学生的需求为他们制定个性化的学习方案。在差异化的教学辅导下，学生收获的学习成果要比传统课堂教学丰硕得多。当学生某个阶段的学习目标达成之后，也将更有动力开展下一阶段的学习。为学生制定个性化的学习方案并不意味着教师要事无巨细地照顾每个学生，教师只需要根据学生在网络教学平台上提交的个人学习的薄弱环节，就可以为他们制定出有效的学习方案。对于学生已经掌握得很好的知识点，一带即过；对于学生感到疑惑的知识点，则进行深度讲解。

如此一来，学生虽然没有得到教师一对一的辅导，但是收获了相同的学习体验，获得了相同的学习效果。

2. 全方位混合

（1）线上、线下混合。对于混合式教学而言，线上与线下即在线网络教学与传统课堂教学的结合是最表层的含义，这也意味着，只要是混合式教学，就都符合线上与线下混合这一特点。在以往的教学实践中，以互联网、多媒体等为媒介的线上教学与传统的课堂教学存在一道鸿沟，大多数教师仅仅以课堂讲授作为教学的重心，混合式教学则打破了线上与线下教学的界限，使两种看似迥然不同的教学方式融为一体。不论线上教学还是线下教学，其目标都是高效完成教学活动，让教学成为有效、有意义的事。混合式教学在教学实践中的应用绝不能流于形式，要真正地把教学各要素有机联系起来，如师生、家长、教学资源等，引导学生同时开展线上学习与线下学习，充分发挥互联网、多媒体等对传统课堂教学的促进作用，让学生在良好的氛围中习得知识、掌握技能。

（2）教学理论混合。由于教学活动的复杂性，教育界并不存在所谓的通用教学理论，即一种在任何情况下都能促进教学实践发展的理论，教师应当根据教学的实际情况采用多种不同的教学理论。目前，公认的对教学效果具有积极作用的教学理论包括行为主义教学理论、认知主义教学理论、建构主义教学理论等。在知识的传播与转换方面，行为主义与认知主义教学理论的优势最为明显，其能够极大地促进学生对知识的学习、内化与吸收；在均衡教师的教与学生的学方面，建构主义教学理论则表现得更好，其能够指导教师建构起有利于学生的教学环境，从而推动整体教学目标的实现。不同的教学理论具有不同的特点，所表现出的对教学的促进作用也各不相同，这就要求教师在分析教学内容、教学目标、学生学习情况等的基础上，灵活应用各种教学理论，这也是混合式教学所倡导的教学理论的混合，唯有如此，才能最大化地发挥各教学理论的作用。

（3）教学资源混合。混合式教学中的教学资源混合又可以分为教学资源内容的混合、教学资源呈现方式的混合、教学资源整体的优化与整合。

第一，教学资源内容的混合。随着社会的发展，单一的技能型人才已经无法满足用人单位的需求，因而，综合性人才培养成为学校的重要任务。学生在学习的过程中，不能仅仅接受某一门学科知识，而是要广泛吸收多学科的内容，在混合式教学资源内容的推动下，建立系统的知识体系，从而形成更强的社会竞争力。

第二，教学资源呈现方式的混合。教学资源是学生知识与技能学习的主要来源，基于混合式教学，越来越多的依托互联网与多媒体的资源呈现方式衍生出来，学生完全可以在学习课本的基础上，借助新型的资源呈现方式加深对知识的理解。知识本身就是无处不在的，课本中、黑板上、网络里都能学习到知识，只有将传统的与新型的教学资源呈现方式混合起来，同时发挥二者的作用，才有利于学生对多种教学资源的综合利用。

第三，教学资源整体的优化与整合。在线学习资源与传统的课本中的学习资源融合，学生获得了庞大的学习资源库，其多种多样的学习需求基本都能得到满足。但与此同时，庞大的学习资源库中也产生了许多低质的内容，如同一知识点的重复讲解、同类知识点的分散讲解等，这样的资源并不利于学生的高效学习，也造成了不小的资源浪费。所以，教学资源必须在混合的基础上实现优化与整合。

3. 监督式学习

混合式教学主张对学生的学习进行监督，目的是更好地掌握学生的学习情况，从而为其提供针对性的教学辅助。所谓新型的监督化学习，主要是依托学生在线学习反馈的数据，对这些数据加以分析，学生的学习情况就完整地呈现在教师面前。

教师也可以通过多种方式主动了解学生的学习情况，如批改学生的作业、查看学生的学习反馈、统计学生在线平台的相关讨论等。教师之所以要及时关注学生的学习进展，是因为假如学生尚未掌握现阶段的知识，就进入下一阶段知识的学习中，必然会导致两个阶段学习效果均不佳的后果，教师必须确保学生已经掌握了现阶段的知识，才能依照计划开展接下来的教学。

除了以上获取学生学习情况的方式之外，学习跟踪系统与学生自我评价系统对于教师来说也是十分可行的选择。教师可以通过学习跟踪系统对学生的学习情况进行统计，如根据学生对教学材料访问的次数推断学生对这部分教学内容的掌握程度，根据查看教学材料的具体用户了解不同学生的学习进度等。自我评价系统不仅是针对学生开发的，它还可以让学生对自己的学习情况进行评价，而后上传至系统平台，更对教师掌握学生的学习情况大有裨益，教师可以依据学生对自我学习成果的总结与反思，知晓学生学习目标的达成情况，从而对自己的教学行为加以调整。从这个角度来说，自我评价系统既让学生对自己的学习表现进行了客观评价，又反映出了教师的教学成效，实现了对教师的监督。

第四章　高校体育运动训练理论

第一节　高校体育运动训练及其影响因素

一、高校体育运动训练的内涵

运动训练从广义上说，是指运动员为保持或创造专项运动的最高成绩所做准备的全过程，是影响训练成效的所有因素的总和；从狭义上说，单指具体的训练过程。从教育学及运动训练学来分析，运动训练是在教练员的指导和运动员的积极参与下，为不断提高运动成绩而专门组织的教育过程。

运动训练的理论是在运动训练学理论基础上发展、突破和提高的。传统的训练理论只是以生物属性为模式，强调人体生理机制，高校运动训练则是全面的模式。现在各个运动项目的世界纪录，已达到了相当高的水平，要想在竞争日趋激烈的世界大赛上取得优胜并刷新世界纪录，单靠一般运动训练的观点、知识和方法是难以实现的，必须运用最先进的理论做指导，实行现代化和科学化的最佳训练方法。

对高校体育运动训练，需从科学的角度去分析理解。运动训练是用先进的指导理论和现代科技成果，采用科学的训练方法，以取得最佳的训练效果，以创造专项运动员提高成绩为目的，而专门组织实施的一个系统工程。这个系统工程包括了运动员的科学选材、科学训练、比赛和科学管理，这些组成了运动训练的全过程。这个概念阐明了运动训练必须做到以下方面：

（一）广泛运用现代科学技术成果

科学技术是人类几千年来文明智慧发展的结晶，是人类认识世界和改造世界的有力武器。现代科技的进步为体育高速度发展提供了客观条件，"科技是第一生产力"，现代社会科技高度发达，各个学科中高新技术成果涌现速度越来越快，推动着体育科学超前发展，各种新兴学科的横向联系与交互渗透，出现了越来越多的综合性交叉学科和边缘学科，体育科学逐渐发展成一门新兴的综合交叉科学，形成了多学科综合利用的完整的体育科学体系。

现代高科技提供的大量知识信息与人们的经验相结合，加上专家的努力，就可以设计出大量的新技术、新战术、新方法。

（二）采用先进的理论与训练方法

现代运动训练的高度发展，新纪录的不断刷新，是与先进的训练方法在运动训练中不断采用分不开的。在运动训练实践中，高原训练法、超等长训练法、负分段训练法、间歇训练法及现代"血乳酸控制运动强度法"的"模式训练法"等，都对运动成绩的提高起着重要的作用。

现代科学技术的发展及其在运动训练进程中的运用，为运动训练方法的创新发展提供了更有利的条件，各种行之有效的新的先进训练方法也会不断涌现。教练员不但要掌握已有的训练方法，还要不断学习、钻研，创造出更先进的训练方法，不断提高训练水平，大胆探索新的训练理论，以新的训练模式取代旧的训练模式。

（三）取得最佳的训练效果与成绩

最佳的训练效果就是达到竞技能力高水平所需要的最理想的训练效果。从理论上讲，每一次训练课应该达到最佳效果。然而随着现代运动技术水平的提高，对运动训练提出了更高的要求。运动员在学习掌握新的高难技术动作时，在连续完成一个阶段的大运动量、大强度训练时，有的训练课的效果是最佳的，有的训练课效果并不十分明显，这是完全正常的。重要的是要在一个阶段、一个训练的周期结束后，要取得最理想的训练效果，以保证训练水平及竞技能力的不断提高。比如，经过一个阶段的训练，运动员顺利地完成了这个阶段的大运动量训练，完全熟练掌握了新的技术，并且身体各器官机能状态良好，机能水平有了明显的提高，集体项目中全队的技战术配合水平达到了默契熟练的程度等。

最佳训练不仅要看最后的训练成果，而且要看对产生成果的训练全过程是否实现了最佳控制，是否运用科学的先进方法和现代科技成果实施科学化、精确化、定量化的最优控制和运行。最佳训练效果还应看是否做到以最小的投入获得最大的效益，达到事半功倍的训练效果。

现代运动训练的教练员和运动员训练的最高目标是创造所从事的专项运动的最高成绩。最高成绩是指新的世界纪录。最高成绩是无止境的，即使对已经取得世界冠军、打破或保持世界纪录的优秀运动员来说，也不能说已经目标到顶，而要向新的训练目标奋斗，向新的纪录挑战，向新的世界高峰攀登，做到"更高、更快、更强"。

（四）运动训练是完整的系统工程

运动训练已不是从前的教练员单纯的"体力投入"和包揽一切事物的"单打一"。这种简单的结构不能聚集当代体育科学及各学科的优势，不能达到运动训练的科学化。现代运动训练包括运动员选材、训练比赛、管理几大方面，是一个系统的工程，要创造专项运动的最高成绩，需要专门组成一个由多学科人才参加的综合教练辅助机构。参与这个系统工程工作的人应由教练员、科研人员（包括运动训练理论研究人员、情报信息人员、运动生物力学专家和运动心理学专家、计算机工程和技术人员）、医生、营养师、专门的恢复人员等构成。

二、高校体育运动训练的影响因素

（一）运动员因素

运动员方面的因素主要涉及身体素质、身体条件、心理能力以及运动智能方面，具体因素如下：

（1）身体素质。运动员的身体素质是其从事运动的基本运动能力，是从事竞技运动的运动基础。通常情况下，运动员的体能发展水平主要取决于其身体形态、身体机能、运动素质等方面的发展状况。运动员的运动能力对身体素质的潜力发挥具有重要作用，不同的竞技体育运动对运动员的形体发展具有非常严格的要求，这在选材中表现得十分明显。因此，身体素质会对运动员的运动训练潜力的发挥产生一定的影响。

（2）身体条件。身体条件是运动员训练的基础之一，对运动员的训练有重要影响。一般来说，身体条件的好坏主要取决于生理特点、身体健康状况、身体形态以及伤病情况等方面。

（3）心理能力。运动员的心理能力是指其与训练竞赛有关的个性心理特征，以及根据训练和竞赛的需要把握和调整心理活动的能力。运动员的心理能力在运动训练中起着重要的作用。一般来说，良好的心理能力能够有效提高运动训练的效果，而良好的心理能力主要表现在三个方面：①稳定的心理状态；②自信心；③心理调控能力。

（4）运动智能。"运动智能是人所有智能活动的核心。发展运动智能是'唤醒身体的无限思维'和人的全面发展的需要。"① 同时，运动智能是运动员总体竞技能力的重要组成部分，包括体育运动在内的多学科知识，包括运动训练和运动比赛的能力。运动智能是在一般智能的基础上形成的。较高的运动智能对于运动员更深刻地把握专项竞技特点和规律、认识和体验训练理论和训练方法、理解先进的运动技术、掌握运动技巧可以起到一定的帮助作用。一般来说，竞技运动员的智能专项特点主要在两个方面得到体现：①敏锐的观察力；②良好的记忆力。

（二）教练员因素

教练员方面的因素主要涉及道德情操、知识、素质和条件等方面，这些

---

① 许世云，郭红莲.试论运动智能［J］.当代体育科技，2012，2（11）：93-94.

方面会对训练过程和训练结果产生直接的影响。

（三）训练因素

训练方面的因素主要涉及两个方面：一是训练理论指导；二是训练的系统性安排。

（1）训练理论指导。当前，科技发展速度非常快，在这个快节奏的社会中，体育运动中每个项目的发展都需要有关该项目的科学的理论研究做基础。不管是何种体育运动项目，只有进行科学的训练才有利于在比赛中取得良好的成绩。教练员对训练计划应高度重视，这就要求有针对性地改善和解决这些情况，从而促进运动训练的进一步发展。

（2）训练的系统性安排。保证在竞赛中取得良好的成绩是运动员训练的主要目的。进行运动训练的系统性和连续性安排是非常重要的，这对于我国高水平运动员的培养具有重要意义。

（四）社会因素

对运动训练的发展产生影响的社会因素主要包括两个方面：一是领导的重视程度；二是场地设备。

领导的重视程度，往往会对一个运动项目开展的好坏起到重要的决定性作用。领导作为一个决策者，如果能够积极听取教练员和运动员的建议和意见，并积极地组织有关部门参与到训练与比赛工作之中，采取有效的措施解决训练与比赛中遇到的各种难题，这样就会对运动的开展和普及起到非常重要的促进作用。

场地设备是运动训练的客观物质条件，也是影响运动训练的客观因素之一。一般来说，好的场地设备能够保证运动员不受客观条件的干扰，对运动员以最好的状态投入训练是较为有利的。

第二节　高校体育运动训练的原则与方法

一、高校体育运动训练的原则

（一）专项训练深化原则

专项训练深化原则是指通过不断深化专项内容来组织训练过程的训练原则。专项训练深化原则十分肯定一般训练的意义，更强调专项训练的重要作用。一般训练是指运动训练中采用多种多样的身体练习及训练方法，以提高运动员器官系统的机能，全面提高运动素质，改善身体形态，掌握一定运动动作和理论知识，改善一般心理品质的过程；专项训练是指在运动训练中以专项运动本身的动作或以解剖学、生物力学、生理能量供能为特点与专项相似的练习，来提高专项运动所需的各器官系统的机能，发展专项运动素质，掌握专项运动技术、战术、理论知识，以及改善专项运动所需的心理品质的过程。

专项训练深化原则的重点主要反映在训练内容、手段、方法的设计与安排上，并强调训练内容、方法必须符合专项比赛要求。专项训练深化原则的重点反映在训练内容、手段、方法的设计与安排上，专项训练深化原则十分强调内容、方法必须高度符合专项比赛的要求。

（二）系统不间断性原则

系统不间断性原则是指系统地、持续地、循序渐进地组织训练过程的训练原则。运动训练是一个多层次、多因素、结构复杂的"人造复合系统"，从纵向看，一个优秀运动员的成长过程大体分为四个阶段：基础训练阶段、专项提高阶段、最佳竞技阶段、高水平保持阶段。各个阶段依次相关、有机衔接。运动员依次经历这些阶段直至终结运动寿命。从横向看，寓于这一过程的诸多因素互为影响且具有明显的时序性，如训练计划、训练实施、训练监督、训练纠偏等环节。其中，每一个环节的内容又具有明显的层次性、系统性。因此，在训练过程中，我们需要不间断的训练。在训练内容的安排上，须注意内容的层次性。

（三）周期安排训练原则

周期安排训练原则是指根据运动训练的结构特点、重大赛事的安排规律和竞技状态的呈现特征，组织训练过程的训练原则。这一原则主要强调训练过程的周期性、竞技状态提高的规律性和训练周期确定的计划性。

一般来讲，奥运会、全运会和世界四大网球公开赛的开赛时间和日程等重大竞技运动赛事安排的特点多具有周期性规律。教练员根据这种周期性规律，制订训练计划，组织、实施和监控训练过程是为了有效地提高成绩。由于运动竞赛组织、竞技状态形成具有鲜明的周期性特征，因此，训练过程的内容组织与工程进度安排必须符合这种周期性的特点。另外，运动适应过程也有一定的周期性特点。显然，周期安排训练原则意义重大。

竞技状态形成规律具有周期性特点。竞技状态的形成须经三个阶段：第一阶段称为获得阶段，此阶段的前期需要促使身体素质、运动技术、心理品质得到形成和发展，后期需要促使这些条件有机结合并形成竞技状态；第二阶段称为相对稳定阶段，此阶段需要促使竞技状态的所有特征全都表现出来并得到巩固和发展，以便创造优异运动成绩；第三阶段称为暂时消失阶段，这一阶段竞技状态的特征会出现暂时性消失或紊乱。

（四）适宜负荷训练原则

适宜负荷训练原则是指根据运动员现实可能和机能训练的适应规律，以及提高运动员竞技能力的需要，在训练中给予适宜量度的负荷，以取得理想训练效果的训练原则。运动员在训练中承受一定运动负荷后，必然会产生相应的训练效应。但并非只要施加负荷，就一定会产生良好的训练效应。因此，合理安排训练负荷意义重大。合理地安排训练负荷主要体现在：能够根据训练任务、对象水平，逐步且有节奏地按照人体机能适应规律加大运动负荷，直至最大限度。

合理地逐步加大负荷是现代竞技运动科学训练的重要发展趋势之一。当然，负荷的递增是在一定生理变化范围内，通过人体适应过程的规律而实现。

二、高校体育运动训练的方法

（一）分解训练法

将完整的技术动作或战术配合过程合理地分成若干个环节或部分，然后按环节或部分分别进行训练的方法称为分解训练法。运用分解训练法可集中精力完成专门的训练任务，加强主要技术动作和战术配合环节的训练，从而获得更高的训练效益。

分解训练法多应用于对技术动作或战术配合过程较为复杂、可予分解，且运用完整训练法又不易使运动员直接掌握的情况下，或者技术动作、战术配合的某些环节需要较为细致的专门训练。

分解训练法的基本类型主要分为四种，即单纯分解训练法、递进分解训练法、顺进分解训练法和逆进分解训练法。

（二）完整训练法

从技术动作或战术配合的开始到结束，不分部分和环节，完整地进行练习的训练方法称为完整训练法。运用完整训练法对运动员完整地掌握技术动作或战术配合，保持技术动作或战术配合的完整结构和各个部分之间的内在联系有一定的作用。

（三）重复训练法

重复训练法是指多次重复地做同一练习，两次（组）练习之间安排相对充分的休息时间的练习方法。通过多次重复同一动作或同组动作，不断强化运动条件反射的过程，有利于运动员掌握和巩固技术动作；通过相对稳定的负荷强度的多次刺激，可使机体尽快产生较高的适应性机制，有利于运动员提高身体素质。

构成重复训练法的主要因素有：单次（组）练习的负荷量、负荷强度及每两次（组）练习之间的休息时间。休息的方式通常采用静止、肌肉按摩或散步等方式。

依单次练习时间的长短，可将重复训练法分为：短时间重复训练方法、中时间重复训练方法和长时间重复训练方法三种类型。

（四）间歇训练法

间歇训练法是指对多次练习时的间歇时间做出严格规定，使机体处于不完全恢复状态下，反复进行练习的训练方法。严格的间歇训练过程，可增强运动员的心脏功能。通过调节运动负荷的强度，可使机体各机能产生与有关运动项目相匹配的适应性变化。不同类型的间歇训练，可有效地发展和提高糖酵解代谢供能能力或磷酸盐与糖酵解混合代谢的供能能力或糖酵解与有氧代谢混合供能能力或有氧代谢供能能力。

严格控制间歇时间，有利于运动员在激烈对抗和复杂困难的比赛环境中稳定、巩固技术动作。通过较高负荷心率的刺激，提高机体抗乳酸能力，以确保运动员在保持较高强度的情况下具有持续运动的能力。

间歇训练法的基本类型主要分为三种：高强性间歇训练方法、强化性间歇训练方法和发展性间歇训练方法。

第三节　高校体育项群训练理论分析

一、项群训练理论的建立

"高校体育运动训练是高校体育教学开展中的重要组成部分，一定程度上影响着学生的身心健康与学习。"[①]运动训练理论源于运动训练实践。运

---

① 刘建.高校学生体育运动训练效果的影响因素及问题［J］.文体用品与科技，2021，24（24）：18-19.

动训练的理论体系即由一般训练学和专项训练学两个层次所构成。一般和专项这两个层次的训练理论有着各自的研究领域和适应范围。根据各个运动项目固有的特点，将它们划归不同的类属，分别进行专门的研究，有着重要的理论意义和实际意义。

由不同项目的本质属性所引起的项目之间的异同点是我们划分项目类属的基本依据。在认真探求如同上述举例所示的项目间的共同点时，还需要对不同项目间的差异进行准确的解析。例如，长距离竞速项目期望运动员肌肉组织中含有高比例的红肌纤维；短距离竞速项目优秀运动员的肌肉组织中通常含有大量的白肌纤维。对田径、举重运动员来说，只需熟练掌握一个或几个动作，并在完成这一个或几个动作时，力求表现出最大的体能；体操、花样游泳等项目运动员则必须不断发展新的技术动作，在比赛中又要努力按照稳定的动力学和运动学特征去完成这些动作；跳水、艺术体操等项目选手比赛时，力求把训练中千百次重复的练习完整地"复制"出来；各种对抗性项目运动员比赛时则必须按比赛场上双方对抗情势的变化，把平时训练中掌握和积累的多种技术、战术"元件"有机地构成新的组合，予以应用。

不同竞技项目的异同源于竞技运动发展的历史、比赛的规则等方面。这些异同点的存在表明，按照不同项目的类属特点进行深入的探讨，既可比一般训练理论更加准确而深入地揭示同类项目的规律，又可在专项训练理论的基础上有所升华和提高，并能有机地加强这两个层次理论之间的联系。这无疑将会大大地充实运动训练理论体系，进而推动运动训练实践的迅速发展。中国体育发展战略研究会副会长田麦久和他的同事将运动项目的类属聚合命名为"项群"，揭示项群训练基本规律的理论命名为"项群训练理论"。

二、各项群训练理论的内容

（一）技能主导类

1.表现难美性项群训练

技能主导类表现难美性项群包括跳水、体操、艺术体操、花样滑冰、花样游泳和技巧、武术套路等竞技项目。这些项目在竞赛中均依靠运动员所完成动作的难度、优美程度和稳定性来评定成绩。这些项目都在向着讲究动作和编排上的难与新，技术和姿态上的美与稳，向着高度的技巧化与完美的艺术化相结合的方向发展。技能主导类表现难美性项群训练的基本特点如下：

（1）体能训练。难美性项群各项目运动员需常年进行体能训练，占时间比例通常为训练总时间的 25%。

首先，运动员应注重采用非专项的运动项目练习提高健康水平，同时应十分重视专项身体素质训练。如在进行一定的长跑、短跑、游泳、滑冰、球类等活动的基础上，采用在技术结构上近似于基本运动技能的动作和那些能提高运动素质水平的专门动作作为专项素质训练的手段。

其次，体能训练应贯彻在全年不同的训练时期中，其训练内容与手段可随着不同的训练时期而变化。通常情况下，准备期体能训练和专项体能训练的比重一般可达到 1∶3 或 1∶2；竞赛期的体能训练则最大限度地体现在运动技能的训练之中，多进行专项力量与专项耐力的练习；过渡期则进行一般的体能训练，特别是采用专项训练。

（2）技术训练。技术能力是难美性项群的主导竞技能力，因此，技术训练是本项群训练的核心内容，占有很大的比重。本项群技术训练的内容主要包括基本动作和高难动作的训练，从某些项目的竞赛大纲上又可分为规定动作训练和自选动作训练。

基本动作是指在各项目中，各种类型的、结构比较简单的、不可缺少的典型动作。基本动作训练应贯穿于运动员多年训练及各年度训练的全过程，其核心是掌握基本技术，力求做到技术先进、准确、熟练、全面和有个人特点并能随链接动作的不同而变化，基本动作内容要选准、选精，照顾全面。难新动作是运动员在基本动作训练的基础上有选择地发展高难度动作或创新动作，是运动员自选动作的核心。难新动作的教学训练过程也更加精细，并分阶段依次实施。在准备阶段，应根据运动员的形态、素质、技术的条件与特点，分析技术发展趋向，选准要学习的高难度或创新的动作；在学习阶段，应帮助运动员建立正确的动作概念；在巩固阶段，应采用重复练习法完善技术，形成个人技术风格。

规定动作通常在比赛后确定并下达下一届使用的规定动作，具有时间性很强的特点，需要运动员尽快地、高质量地将其掌握。规定动作训练的特点是：通过各种途径尽早了解规定动作的内容；研究各项规定动作的关键技术及高质量、高标准的动作要求；进行必要的身体素质和技术辅助练习；安排学习进度，贯彻高标准、严要求。

自选动作要最大限度地表现运动员的技术优势，"扬长避短"是自选动作选择和编排的原则之一。在难美动作训练部分已涉及自选动作训练的若干特点。在进行成套动作比赛的项目中，均采用"单个动作练习—联合动作练习—半套动作练习—成套动作练习"的操作程序。另外，为培养专项耐力，多采用"超成套训练"提高运动员完成成套动作的能力。应明确，技术创新是难美项群技术发展的生命。应大力组织前瞻性的研究，设计创新高难动作，加大运动员难度动作储备，保持技术发展的前沿地位。

（3）心理训练。由于运动专项竞技的特殊性，心理训练越来越受到人们的重视。心理训练主要目的是调节运动员的心理状态，为取得优异成绩而进行各种必要的心理准备。难美性项群采用的主要心理训练方法有念动训练法、模拟训练法和自我调节法等。

（4）艺术表现能力训练。多以舞蹈训练为主，培养形体表现力，有音乐伴奏的项目还让运动员按不同节奏完成动作和根据音乐内容进行即兴表演、小品表演，以培养动作节奏感和表演能力。各竞技项目应根据各自的特点去创立适合本项群需要的舞蹈训练法。例如花样滑冰以学习芭蕾舞为主，同时学习现代舞、本国民间舞、交谊舞，适当地学些外国舞蹈，并应重视音乐教育课，以提高音乐修养，同时适应加强表演课的学习。跳水选手也采用芭蕾舞基本功训练，并适当进行双人舞蹈等练习以提高形体美和动作的节奏感。

2.表现准确性项群训练

技能主导类表现准确性项群主要包括射箭、射击和弓弩三个竞赛项目。

（1）体能特征。在体形上，要求身体匀称，虽然专项的特殊需要并不明显，但也有一些不同的具体要求，如步枪运动员臂长一点，髂骨高一些；手枪运动员臂短一些，手大，指长一些；射箭运动员臂展比身高略大一些，手大指长。在生理机能方面的要求也不很突出。在运动素质方面，运动员的静力、耐力、平衡能力和稳定性要好，动作协调能力强，并具有良好的本体感觉能力和视觉。

（2）技能和战术能力特征。射箭、射击、弓弩三个项目的技术均属单一动作结构。技术要求可概括为"固势要稳，瞄靶要准，击发、撒放要正确"。在比赛中，选手们的技战术表现相互间不产生明显的影响，在战术运用上也较为稳定，主要体现在：重视一弹一箭发射的规范化；掌握好一组弹、箭的发射节奏；灵活掌握完整的比赛节奏；团体比赛上场顺序；比赛间隙的信息回避等方面。

（二）体能主导类

1. 快速力量性项群训练

体能主导类快速力量性项群包括跳跃、投掷和举重等项目。

本项群运动员的形态，受专项技术需要和竞赛规则规定等多方面因素的制约，表现出明显的多样性特征，同时有些专项对形态学的要求较高。其中，跳跃项目一般要求运动员身材修长，体重较轻，下肢占身高比例大，而且大腿相对较短，小腿相对较长，踝围较小，跟腱较长。另外，撑竿跳高运动员指距较长，以便提高握竿点，同时上肢和躯干肌肉发达，躯干呈桶形等。投掷项目运动员身高也呈现出大型化趋势，并且指距较长，肌肉发达，发育匀称，体重适宜，克托莱指数铅球＞铁饼＞标枪。除此之外，标枪运动员的上臂围松紧差大也是重要的专项形态特征，以利于完成快速鞭打出手动作。举重项目由于限制体重级别，因此表现为最轻级别运动员身材较小、匀称，最重级别运动员高大、粗壮的特征。由于专项要求，运动员拇指长、上臂围松紧差大、下肢短、重心低、克托莱指数高。

由于本项群各项目快速力量水平发挥要求与极强的专项技术动作紧密结合，加之各项目竞技水平的不断提高，训练内容有了前所未有的扩展与分化，涉及更广泛的领域与更精细的分支。就目前国内外训练趋势而言，呈现出身体训练内容更具有专项特点；身体训练与技术训练高度结合；训练内容安排序列更趋合理；战术训练的强化和心理训练的专项深化；部分比赛成为训练的重要内容；注重恢复性训练等诸多特点。

2. 速度性项群训练

体能主导类速度性项群包括短跑、跨栏跑、短距离游泳、短程速度滑冰、短程速度滑雪、短程自行车和短程划船等竞技项目。

由于本项群包括众多专项，运动员的身体形态也表现出明显的差异性。例如短跨运动员身材高，腿长，跟腱较长等；游泳运动员身材高，四肢长，手脚大、肩宽等；自行车和速滑选手表现出大腿、臀部肌群发达，肌力较强和身材粗壮等。虽然各单项要求各异，但是速度性项群均属于周期性运动，并要最大限度地使自己在比赛中产生更大的位移速度，因此运动员必然存在一些共性特征，例如肩带肌较发达、肩带较宽、跟腱较长且清晰等。

在生理机能方面，由于速度性项群竞赛的负荷强度为极限负荷且完成全过程一般都在 60 秒之内，因此要求运动员神经过程的灵活性较高、神经冲动的传导速度快、强度大；心血管系统的功能较强，具有较强的抗缺氧能力；机体无氧代谢水平高。

而身体素质的特点，则表现为以良好的身体全面发展为基础，保证速度素质的不断提高。其中，力量的发展与提高，对运动员的速度素质起着重要的基础性作用。另外，良好的柔韧性和灵活性有助于运动员动作频率的提高和动作幅度的增加，一般耐力对于运动员无氧代谢能力也非常重要。

本项群运动员比赛成绩的获得是主、客观多种因素的综合效应。其中，运动员自身的体能水平，特别是身体素质的发展水平是比赛成绩的决定性因素。由于本项群的竞赛过程大都具有分道竞速的特点，因此相互间无身体接触和对抗，但对手的初赛成绩和临场表现出的言行举止都会对与之实力相当的对手产生正面或负面的影响。另外，对手采用的外道战术、节奏变化战术等特定战术，则会打乱运动员的比赛节奏，影响运动成绩的发挥。

3. 耐力性项群训练

体能主导类耐力性项群包括竞走、中长距离跑、中长距离游泳、中长距离自行车、赛艇、皮划艇、驶帆、越野滑雪，以及中长距离速度滑冰等众多项目。

　　耐力性项群运动员在全面提高和发展体能、技能、战术能力、知识能力及心理能力的过程中，把发展体能放在首位，而在反映运动员体能发展水平的力量、速度与耐力的各种运动素质中，又特别着重发展运动员的耐力素质和以专项耐力为核心的多种竞速能力的训练。竞速是耐力性项目竞技的核心，发展和提高以最高的平均速度通过专项竞技距离的能力是耐力性项群选手训练的主要目标。有计划、按比例地发展运动员的多种竞速能力，并综合地表现于专项赛距之中是本项群训练的重要特点。根据本项群项目运动员代谢供能特点，安排训练内容、方法和手段，已成为体育运动训练突出的特点。

第五章 高校体育素质训练实践

第一节 高校体育的力量素质训练

一、力量素质训练的主要方法

"力量训练是体能训练的重要环节，对于运动员提高竞技能力，取得优异成绩具有十分重要的作用。"[1]

（一）发展最大力量

（1）巴罗加式极限强度负重训练法。巴罗加式极限强度负重训练法主要是通过极限强度负荷提高对机体神经系统的刺激作用，适用于高水平运动员的力量训练，有利于提高相对力量。巴罗加提出了四种不同的负重训练方式。每种方式以训练课为单位进行变化。训练方式的选择，主要取决于运动员的练习效果。

（2）阶梯式极限强度负重法（保加利亚"循序渐进"训练法）。阶梯式极限强度负重法主要用于精英运动员的最大力量训练。超过一天的最大体重，分两组减10公斤，再分两组减10公斤，然后开始增重至当天最大体重，最终减量。

（3）静力性训练法。静力性力量训练法曾被广泛应用，后来逐渐减少。

---

[1] 朱莉莉. 力量素质训练理论研究［J］. 济源职业技术学院学报，2007，6（1）：75-78.

静力收缩对肌肉耐力作用效果不明显，但对发展最大力量有积极的作用。静力性训练有三种方式：①在某一关节角度，承受高于运动员本人潜力的重量；②针对特制的固定物用力推、顶、拉；③一侧肢体用力，另一侧肢体相抵。

进行静力性最大力量的训练时，优秀运动员的训练强度为最大力量的80%～100%，收缩持续最长时间为12秒。初学者和未经过专门训练的运动员应以较小的刺激强度和6～9秒的持续收缩时间进行练习。此外，停止静力性力量训练后，经训练所获得的最大肌肉力量大约在30周以内可完全消失。若每6周进行一次训练，肌力下降趋势缓慢，需60周以后才会完全消失。

（4）电刺激力量训练法。电刺激力量训练法是一种新的"非负荷"性的最大力量训练方法。用这种方法两周后，可增加肌力20%左右，尤其在训练后紧接着进行电刺激，效果更好。

（二）发展速度力量

速度力量的决定因素是肌肉收缩速度。许多运动项目都是在快速节奏或爆发用力的情况下完成的。

1.爆发力训练

爆发强度是在短时间内以最大加速度克服阻力的能力。打击的力量由参与活动的所有肌肉群的联合动作决定。爆发强度是决定速度力大小的因素，爆发力的增加取决于最大能量水平的发展。如果没有充分发挥最大爆发力，爆发力也不会达到很高的水平。因此，爆发力训练方法适合爆发力发展。爆发力训练的一个重要方面是训练中使用的主要冲动，这与进行的锻炼类型和力量大小密切相关：例如，在跑步时，运动员的腿部力量冲动是其体重的3.5倍。因此，爆发力训练的主要动机是加速。在非间歇运动（例如跳远、投掷）中，爆发力是取得好成绩的关键因素。在间歇性事件（例如快速运行）的情况下，爆发力会快速重复。因此，应根据每个项目的特点制定爆发力。

大多数发展爆发力的方法都涉及快速努力和等长练习。快速加载方法由两种训练模式组成，具体如下：

（1）中等强度速度力量法。中等强度速度力量法的特点是 70% ~ 85% 强度，最大速度训练 4 ~ 6 组，每组重复 3 ~ 6 次。这种方法对提高肌肉力量的爆发效率极为有效。爆发式发展值得特别关注。在田径、体操、击剑、水肺潜水和所有分体式运动（如排球）中的投掷和跳跃中，爆发的力量直接影响运动表现。因此，这种方法可用于提高爆发力。可以安排不那么剧烈但速度较快的运动。

（2）快速低强度力量法。快速低强度力量法的特点是采用 30% ~ 60% 的强度，3 ~ 6 组练习，每组 5 ~ 10 次，使爆发力训练有针对性的发展。快速加载方法对于培养运动员的速度感知和传播快速运动反应非常有用。等长训练法，又称超长训练法，实际上是一种将撤退训练和约束训练相结合的训练方法。在超等长运动中，肌肉会愿意先工作，肌肉会拉伸很多。这次训练的目的是将纯粹的能量转化为爆发性的能量。生理机制是当肌肉以收缩方式工作时的拉伸反射。肌肉被拉伸到超出其自然长度。这会产生伸长反射，可以产生更有限的收缩以形成有效的井喷。发展爆发力的等距练习方法和内容包括纵跳、蛙跳、连续步等各种跳跃练习，包括跳过围栏多级跳跃、全速跳跃等练习，可以根据每个运动员的具体训练要求和条件进行选择。

2. 反应力训练

反作用力是指运动中的人体快速制动并以很大加速度向相反方向运动的能力。当人体运动时，肌肉链会减慢人体运动的速度，这导致反射性拉伸。在非标准的威慑距离下，活动肌肉被拉伸，肌肉在加速路径中迅速收缩和缩短。因此，收缩反应模式是主动肌肉伸展和收缩循环的一种形式。

反应力有两种主要类型：一种是跳跃为主的弹跳反应力，另一种是以击打、鞭打、踢踹为主的击打反应力，两种收缩形式的区别在于各种刺激之间的关系。在典型的深度跳跃响应模型中，伸展是因为正在减慢向下运动的身体受到重力的推动。人们通常将其称为等长运动。肌肉拉伸是由相反肌肉的力量引起的，这种拉伸的肌肉不起作用。因此，伸展和收缩的循环比深跳要慢得多。

二、力量素质训练的基本内容

（一）肩部力量的训练

（1）胸前推举。

方法：两手持杠铃将其翻起至胸部，然后立刻上推过头顶，再屈臂将杠铃放下置于胸部，再上推过头顶，反复练习。

作用：主要发展三角肌侧前部肌肉，以及斜方肌、前锯肌、肱三头肌力量。

（2）颈后推举。

方法：站直，打开肩膀向后举起杠铃。然后将杠铃滑到脖子后面，直到你的手臂伸直，重复这个过程；可以在锻炼时坐着，或者使用宽握或紧握。

作用：基本同胸前推举。

（3）翻铃坐推。

方法：同时握住身体前方的杠铃，用双手将杠铃稍微举过头顶，轻轻地降低脖子后面的杠铃。然后将杠铃从脖子后面、头后面推，慢慢将杠铃推到身体前方的下胸。

作用：主要发展三角肌群和斜方肌力量。

（二）臂部力量的训练

1. 上臂力量训练

（1）颈后臂屈伸。

方法：身体直立，两臂上举反握杠铃（也可正握，但反握比正握效果好），握距同肩宽，做颈后臂屈伸动作。

作用：主要发展肱三头肌力量。

（2）颈后伸臂。

方法：一腿在后直立，一腿在前。两手各握拉力器一端置颈后，两肘外展，两臂用力前伸使两臂伸直。

作用：主要发展肱三头肌上部和外侧部力量。

（3）弯举。

方法：身体直立，反握杠铃，握距同肩宽，屈前臂将杠铃举至胸前。可坐着练习，也可用哑铃等器械练习。

作用：主要发展肱二头肌、肱肌、肱桡肌等力量。此外，也可采用仰卧弯举、肘固定弯举、斜板哑铃弯举进行练习。

（4）双臂屈伸。

方法：不负重或脚上挂重物，捆上沙护腿、穿上沙衣等，在间距较窄的双杠上做双臂屈伸。

作用：主要发展肱三头肌、胸大肌、背阔肌力量。

2. 前臂力量训练

前臂力量训练主要采用少组数（3～5组），多次数（16次以上），组与组之间间歇很短的练习方法。

（1）腕屈伸。

方法：身体直立，两手反握或正握杠铃做腕屈伸，前臂固定在膝上或凳子上，腕屈伸至最高点，稍停顿，再还原。

作用：主要发展手腕和前臂屈手肌群和伸手肌群力量。

（2）旋腕练习。

方法：身体直立，两臂前平举，反握或正握横杠，用屈腕和伸腕力量举起重物。

作用：主要发展前臂屈手肌群和伸手肌群力量。

（三）腹部力量的训练

（1）仰卧起坐。

方法：仰卧凳上或斜板上，两足固定，两手抱头，然后屈上体坐起，再还原，反复进行。

作用：主要发展腹直肌、髂腰肌力量。

（2）半仰卧起坐。

方法：躺在地板上做运动。双手握住哑铃放在脑后。当你弯曲膝盖时，你的上半身向前向上滚动。练习时，请记住，上半身抬起时，下背部和臀部不能抬离地板或长凳。深吸一口气，放松并呼气，两次收缩之间暂停2秒。还可以将重量放在上胸部以进行更多训练。

作用：主要发展腹直肌上部力量。

（3）蛙式仰卧起坐。

方法：仰卧垫上，两脚掌靠拢，两膝分开，两手置头后，向上抬头，使腹肌处于紧张收缩状态，2秒后还原重新开始。

作用：主要发展腹直肌力量。

（4）仰卧举腿。

方法：卧仰在斜板上，两手置于身体两侧握住斜板，然后两腿伸直或稍屈向上举至垂直。

作用：主要发展腹直肌、髂腰肌力量。

（5）悬垂举腿。

方法：两手同肩宽，上举握住单杠，身体悬垂，然后两腿伸直或稍屈向上举至水平位置，反复练习。

作用：同仰卧举腿。

（6）仰卧侧提腿。

方法：仰卧垫上，然后侧提右膝碰右肘，触肘后停1秒。然后侧提左膝碰左肘，反复练习。

作用：主要发展腹内、外斜肌力量。

（7）屈膝举腿。

方法：屈膝，两踝交叉，两掌心朝下放在臀侧，仰卧垫上。然后朝胸的方向举腿，直到两膝收至胸上方，还原后重新开始。

作用：主要发展腹直肌下部力量。

（8）举腿绕环。

方法：背靠肋木，两手上举正握肋木悬垂，两腿并拢向左右两侧轮换举腿绕环，反复进行。

作用：主要发展腹直肌、腹内外斜肌力量。

（四）全身力量的训练

（1）窄上拉。

方法：与肩同宽站立。在单杠附近，双臂放松，与肩同宽，深蹲和提铃在杠铃抬高到大腿中部和小腿中部时，胸部和腰部用力，整个人顿时显出力气，臀部，双腿伸直，脚后跟，手肘抬起。

作用：主要发展骶棘肌、斜方肌、前锯肌、臀大肌、股二头肌、半腱肌、半膜肌、大收肌、股四头肌、三角肌、肱肌、小腿三头肌、屈足肌群力量。

（2）宽上拉。

方法：宽握距握杠，预备姿势同窄上拉，当杠铃上拉到大腿中上部时，迅速做出蹬腿、伸髋、展体、耸肩、提肘、起踵动作。宽上拉也包括膝上拉、悬吊式上拉、直腿拉、宽硬拉等多种做法。

作用：基本同窄上拉。

（3）高抓。

方法：强力保持技术由四个部分组成，即准备、提铃、力量和蹲下支撑。准备，然后举起杠铃，将它拉到与力一样宽的地方。半蹲支撑从举重开始。在这一点上用力时肘部向上杠铃将惰性移动，腿将自由移动。身体在单杠和头顶上下降时的钟声。摆动前臂，肘部形成一个"轴"，以支撑头顶上方的肩部。

作用：主要发展伸膝、伸髋、伸展躯干及肩带肌群力量，并能有效地发展爆发力。

（4）箭步抓。

方法：预备姿势、提铃、发力同宽上拉。在发力即将结束时，做前后箭步分腿，与此同时，将杠铃提拉过头顶，伸直两臂做锁肩支撑。

作用：基本同高抓并能有效发展爆发力。

（5）挺举。

方法：挺举由两部分组成，即将杠铃举到胸前和提起。深蹲技术通常用于将重举到胸部。这些包括准备、举铃、力量训练、蹲起和起立，不包括蹲起和起立。前三个部分就像紧绷的引体向上。深蹲是当杠铃升高到腰带高度时，双腿主动向两侧伸展。膝盖弯曲，肘部同时弯曲，肘部以肩膀为"轴"旋转，将杠铃抬至胸部，靠在锁骨和肩膀上。

作用：提铃部分主要发展各相应部位的肌肉，同时也会发展全身协调用力及爆发力。

（6）高翻。

方法：将杠铃从地面提至胸部，提铃至胸时下蹲高度为半蹲，其他要领基本同挺举下蹲翻。

作用：基本同挺举提铃部分。

（7）箭步翻。

方法：与推力基本相同。除了较窄的方法，即臀部向前和向后推动小腿。杠铃绕胸部旋转站立：先伸直前腿，然后拉半步，再向前拉后腿。在水平线上彼此平行站立并重复练习。

作用：基本同挺举提铃部分。

（8）高翻借力推。

方法：用高空翻将杠铃抬到胸前，然后坐下，用力将杠铃推到手臂正上方的位置。要求把杠铃抬到自己的脸上，收紧胸部和腰部。它也可以在颈部或训练凳上进行。

作用：此练习若在练习架上做则主要发展上肢力量，作用同上挺部分；若提铃至胸后再做这个练习，作用基本同挺举。

第二节　高校体育的速度素质训练

速度素质是指人体或人体的某些部位快速运动的能力。在人体与器械整体运动中，速度是指人体—器械整体快速运动的能力。速度能力包括快速移动能力、快速完成动作的能力和快速反应能力，即所谓的移动速度、动作速度和反应速度。

速度素质是个体神经—肌肉支配系统反应的灵活性、反应时、肌肉收缩速度等综合能力的体现。速度素质是指以最短时间通过一定距离的能力，以最短时间完成一定幅度动作的能力，神经冲动以最短时间通过反射弧的能力。

速度是运动员的基本素质之一，在他们的体能训练中起着重要的作用。一些运动（例如100米短跑）是比运动员的速度。虽然有些体育赛事的速度并不比谁的速度快，但速度也对运动表现有直接影响。

一、速度素质训练的方法

（一）重复法

规定最大速度指数的重复方法。在移动速度训练中显示最大速度指数，并且一些运动练习是强制性的重复，例如快速重复的轻杠铃推举。用哑铃重量重复跳跃，同时保持正确的运动，并且要快速。重复短距离跑步，使用各种沉重的金器进行最后的快速重掷。

变化训练程序的重复法。变化训练的程序是指在横移速度训练中适当改变速度和加速度，并以适当的比例与程序相结合。虽然在一定的最大速度下进行训练是提高运动速度的重要因素，但重复如此，它创造了一个动态的固定模式。因此，在最高速度指标和重复练习时，训练计划按一定的方式变化，使运动员对练习的速度变得陌生，以培养更好的移动速度。

（二）比赛训练法

比赛训练法是指在竞争条件和要求下，营造竞争氛围和环境的开放式训练方式。显然，在使用比赛训练法来训练动作速度时，练习者的心理和情感不同于其他训练方法，大多数修炼者都表现出高度的兴奋。研究表明，使用竞技训练方法会显著增加运动前的人体血糖和乳酸水平，这有助于身体更好地运作。兴奋也会对交感神经系统产生影响，延迟疲劳的发生，这使人体能够成功地以高强度速度进行训练。在比赛训练法中，神经系统处于非常温和的兴奋状态，这有助于发挥交换兴奋和抑制神经过程的能力。

（三）游戏法

游戏法是指采用游戏的形式进行速度训练的一种方法。"速度障碍"是在速度训练时反复进行某一动作的训练。这种多次重复的训练形成动作的动力定型，使动作的各种指标比较稳定。使之在动作的空间特征和时间特征上，如动作的幅度、方向，动作的速度和频率都相对稳定，形成所谓的"速度障碍"。防止"速度障碍"的形成，要突出速度力量的训练，采用多种训练手段，如游戏、球类等活动。例如，100 米跑要达到预定的成绩，既可以通过专门短跑训练来达到，也可以通过全面身体练习并把重点放在速度力量的训练上来达到。

二、速度素质训练的内容

（一）反应速度训练

反应速度是指个体运动员的听觉、视觉、触觉、动觉对各种信号刺激的反应时间，即反应时。这种能力取决于神经传递反射弧的灵敏性。机体的感受器感受到刺激时，信号由感觉神经元传入神经中枢，由中枢神经发出指令，经运动神经元传出至效应器，肌肉收缩产生动作，这一神经—肌肉反射过程的快慢决定了反应速度的快慢。短跑运动员起跑时蹬离起跑器的时间长短，取决于运动员听到发令枪声后"推手"和"蹬腿"的反应时长短。优秀短跑运动员的起跑时间为 0.15 秒左右，0.18 ～ 0.20 秒的反应时是优秀水平的反应时。球类项目的运动员的反应时取决于视觉反应时和动觉反应时。如乒乓球运动员能在 0.15 ～ 0.18 秒时间内"看"到对手的发球并迅速做出回球的动作反应。反应速度的训练主要是充分挖掘遗传潜力，熟练掌握技术动作，集中注意力及改善专项反应时。

（1）听信号起动加速跑。在慢跑中听到信号后突然起动加速跑 10 ～ 15 米，重复 8 ～ 10 次。

（2）小步跑、高抬腿跑，听信号后加速跑。原地小步跑、高抬腿跑，听到信号后突然加速跑 15 ～ 20 米，重复进行。

（3）俯卧撑听信号跑。俯卧撑听信号后突然起跑 10 ～ 15 米，<u>重复进行</u>。

（4）听信号转身起跑。背对前进方向，听到信号后迅速转身 180°，起动加速跑 10 ～ 15 米，重复进行。

（5）听枪声起跑。站立式或蹲踞式，听枪声后起跑 20 ～ 30 米，（3 ～ 5）组 ×（3 ～ 6）次，强度为 90% ～ 95%。

（6）反复突变练习。练习者听各种信号后分别做上步、退步、滑步、交叉步、转身、急停等动作。

（7）利用电子反应器。依据不同的信号，用手或脚压电扣，计反应时。

（8）两人对拍。两人面向站立，听到信号后用手拍击对方的背部，在规定时间内，拍击次数多者为胜。

（9）反应起跳。练习者围圈站立，圈内 1 ～ 2 人，站在圆心手持小树枝或小竹竿，持竿人持竿画圆，竿经谁脚下谁起跳，被竿打上者进圈换人，可突然改变方向。

（10）"猎人"与"野鸭"。"猎人"围圈而立，站在画好的圈内，1 ～ 2 人手持皮球击打圈内的"野鸭"，"野鸭"为"猎人"的 1/3，"野鸭""猎人"互换角色。

（11）找伙伴。练习者绕圈慢跑，听到"三人"或"五人"口令后，练习者立即组成规定人数的"伙伴"，不符合规定人数的为失败组，失败组罚做俯卧撑、高抬腿等练习。

（12）追逐游戏。两队相距 2 米，分为单数队和双数队，听到"单数"口令，单数队跑，双数队追，反之亦然。在 20 米内追上为胜。

（13）起动追拍。两人一组前后距离为 2 ～ 3 米慢跑，听到信号后开始加速跑，后者追上前者用手拍对方的背部，20 米内追上为胜。

（14）多余的第三者。练习者若干，呈两人前后面向圈内围一圆圈而立，左右间隔 2 米，两人沿圈外跑动追逐，被追者可跑至某两人前面站立，则后面的第三者立即逃跑，追者追该第三者，被追上者为失败，罚做各种身体练习。

（二）动作速度训练

动作速度是指在单位时间内完成动作的多少。动作速度包括完成整套动作的速度、完成单个动作的动作速度和动作速率。在体育运动中，整套动作是指一次完成的完整动作，如掷标枪的"最后用力"动作，自投掷臂一侧的脚着地的"转蹬"开始，经另侧脚着地完成"满弓"形，至"转髋"—"转肩"—"鞭打"—"出手"为止，为一个整套的完整动作。"最后用力"过程的动作速度是指整套动作的平均速度。实际上，整套动作的速度是加速度，尤其是"鞭打"动作，自躯干至手腕的"鞭打"动作是连贯的动量传递和逐渐加速过程。单个动作的动作速度是指在整套动作中完成某一动作或完成某一动作环节的动作速度，如"鞭打"动作速度、"出手"速度。动作速率是指动作的频率及单位时间内完成动作的多少。动作速度的大小取决于神经—肌肉系统的调节，取决于肌肉收缩的速度和相对力量、速度力量的大小，取决于肌肉工作的协调性和技术动作的熟练程度。力学上，动作速度包括动作的平均速度、瞬时速度、加速度及角速度、角加速度。

跳远的起跳速度是平均速度，腾起初速度是瞬时速度，也是加速度。平均速度与瞬时速度是相对的，瞬时速度是单位较小的平均速度，它取决于动作时相的选择。在有支撑和无支撑旋转运动中，动作速度是角速度和角加速度。掷铁饼是有支撑旋转运动，在运动员的持饼三周旋转中，角速度是逐周增加的，至铁饼出手瞬间，由于旋转运动的突然停止使器械沿切线方向运动，角加速度变为线加速度，铁饼沿斜直线飞出。例如，自由式滑雪空中技巧是有支撑和无支撑的旋转运动。虽然规则规定在跳台上转动要扣分，但是运动员的空中无支撑转动的动力却来源于台面的支撑转动，首先是不对称的摆臂引起的转动，其次是通过改变沿身体横轴和纵轴转动的转动半径使纵轴转动角速度增加，从而准确地完成空中的多周转体运动。

（1）听口令或节拍器摆臂。两脚前后开立或呈弓箭步，听口令或节拍器快速前后摆臂 15 ～ 30 秒，2 ～ 3 组。

（2）原地快速高抬腿或支撑高抬腿。站立或身体前倾支撑肋木快速高抬腿 10 ～ 30 秒，4 ～ 6 组。

（3）仰卧高抬腿。仰卧快速高抬腿 10 ～ 30 秒，也可以拉橡皮条。

（4）悬垂高抬腿。手握单杠悬垂，两腿快速交替做高抬腿动作，20 ～ 50 次，2 ～ 4 组。

（5）快速小步跑。15 ～ 30 米，3 ～ 5 组，最高频率，强调踝关节屈伸当中的连贯性和协调性。

（6）快速小步跑转高抬腿跑。快速小步跑 5 ～ 10 米，身体前倾转快速高抬腿跑 20 ～ 30 米，4 ～ 6 组。

（7）快速小步跑转高抬腿转加速跑。小步跑 10 米，转高抬腿跑 10 米转加速跑 10 ～ 20 米。

（8）高抬腿跑转加速跑。快速高抬腿跑 10 ～ 15 米，转加速跑 20 米。

（9）高抬腿跑转车轮跑。高抬腿跑 10 米转车轮跑 15 米，（2 ～ 4）组 × （4 ～ 10）次。

（10）快节奏高抬腿跑。高抬腿慢跑，听信号后加快节奏以最快频率跑 10 ～ 15 米。

（11）踏步长标记高频跑。在跑道上画好步长标记，在行进间听信号踏标记高频快跑 15 ～ 20 米，（2 ～ 4）组 × （4 ～ 6）次。

（12）跨跳接跑台阶。跨步跳，听信号后快速跑台阶，要求逐个台阶跑，步频最高，如台阶固定可以计时跑，（4 ～ 6）组 × （6 ～ 8）次。

（13）连续建立跨栏跑。5 ～ 6 副栏架，栏间距短于标准栏间距 1 ～ 2 米，要求栏间跑加快频率，讲究动作节奏和加速跑，（2 ～ 4）组 × （4 ～ 6）次。

（14）听节拍器或击掌助跑起跳。短程助跑，听信号加快最后三步助跑和快速放脚起跳，（2 ～ 4）组 × （8 ～ 12）次。

（15）侧跳台阶。练习者侧对台阶站立，侧跳台阶，两腿交替进行，2 ～ 3 组，每组 6 ～ 8 次。

（16）左右腿交叉跳。在一条线上站立，沿着线两腿向左右两侧方向交叉跳，交叉跳时大腿高抬，快速转腿，动作速度加快,（20 ～ 30）米 ×（4 ～ 6）次。

（17）上步、交叉步、滑步或旋转投掷轻重量的器械。铅球、铁饼、标枪等投掷运动员在发展专项动作速度时往往"最后用力"投掷较轻重量的器械。

（18）纵跳转体。原地纵跳转体180°或360°，连续跳10～20次。

（19）跳抓吊绳转体。助跑跳起，双手抓住吊绳，后仰收腹举腿，转体180°跳下，10～15次。

（20）快速挥臂拍击沙袋。原地或跳起快速挥臂拍击高悬沙袋，30次×（3～5）组。

（21）转身起跳击球。吊球距地面3米左右，原地起跳用手击吊球后在空中转体180。落地，接着转身起跳击球，连续5～10次，重复3～5组。

（22）快速挥臂击球。原地或跳起挥臂击高吊的排球，连续击打，动作速度要快，有鞭打动作，20～30次，重复2～4组。

（23）起跳侧倒垫球。在排球网前站立，听信号后双脚起跳摸网上高物，落地后迅速垫起教练抛来的排球，连续10～15次，重复3～4组。

（24）两侧移动。两物体高120厘米，相距3米，练习者站在中间左右移动，用右手摸左侧物体、左手摸右侧物体，计30秒内触摸物体的次数，重复3～4次。

（25）对墙踢球。距墙4～6米站立，以脚内侧或正足背连续接踢从墙上反弹回来的球，20～30次，重复3～5组。

（26）移动打球。6人站成相距2米的等边六角形，其中5人体前各持一球，听信号后徒手运动员快速移动循环拍打持球者手中的球，每次移动拍打20次，每人完成2次循环为一组，重复2～4组。

（27）快速移动起跳。在篮板左下角听信号后起跳摸篮板，落地后迅速移动到右侧跳摸篮板，8～10次，重复2～3组。

（28）上步后撤步移动。根据教练的手势或信号在乒乓球台端线做上步后撤步移动练习，移动速度快，持续30秒，重复2～3次。

（29）交叉步移动。在乒乓球台端站立，听信号后左右做前交叉步移动练习，结合挥拍击球动作，动作速度加快，移动20秒，重复2～3组。

（30）技巧、体操、弹网运动员的转体练习。组合动作接转体动作尤其是接多周转体动作，要求运动员不仅要具有速度力量等素质，而且还要有快速的动作速率及熟练而协调的技术能力。

（31）高山滑雪中的"小回转"练习。在雪道上设置若干小回转旗门，练习快速、准确回转过旗门。

（三）移动速度训练

移动速度即位移速度，通常以通过一定距离的时间或单位时间内通过的距离来表示：V=S/T。跑速和游速 = 步（划）长 × 步（划）频。决定步长的因素有肢体长度、关节柔韧性和肌肉力量。腿长及髋关节柔韧性好的运动员其蹬摆的动作幅度较大，但是如果缺乏足够的肌肉力量和动作速率，就不能获得较大的移动速度。决定动作频率的因素有神经支配的灵敏性、神经冲动的强度和兴奋性、肌肉收缩速度、肢体交替运动的协调性及技术动作的熟练程度。对于移动速度而言，步长与步频的最佳搭配是获得最大速度的有效途径。移动速度包括平均速度、瞬时速度、加速度、角速度、角加速度、初速度、末速度。100 米跑 10 秒，是指平均速度；起跑蹬离起跑器的时间约 0.15 秒，是瞬时速度；100 米跑的前 30 米跑时间为 2.58 秒，是加速度；跳远的助跑最后一步速度是末速度；跳远起跳腾起速度是初速度；自由泳运动员手臂的划水动作可以视为肘关节和肩关节的角位移运动，产生角速度和角加速度。

在一个项目中或在一个项目的某一动作环节中，可能同时包括反应速度、动作速度和移动速度，如起跑动作；也可能包括动作速度和移动速度，如途中跑。各种速度之间存在着互为相关的关系。

（1）小步跑转加速跑。行进间快频小步跑，听信号后转为加速跑。（20 ~ 30）米 ×（2 ~ 3）组 ×（2 ~ 3）次，组间歇 5 分钟。

（2）高抬腿跑转加速跑。行进间高频高抬腿跑，听信号后转为加速跑。（10 ~ 15）米 ×（2 ~ 3）组 ×（2 ~ 3）次，组间歇 5 分钟。

（3）后蹬跑转加速跑。快速后蹬跑，听信号后转为加速跑。（20 米 + 20 米）×（2 ~ 3）组 ×（2 ~ 3）次，组间歇 5 分钟。

（4）高抬腿车轮跑转加速跑。行进间高抬腿车轮跑，听信号后转为加速跑。（15 米 +20 米）×（2 ～ 3）组 ×（2 ～ 3）次，组间歇 5 ～ 7 分钟。

（5）单足跳转加速跑。单足跳 10 ～ 15 米，听信号后转为加速跑 20 米，（2 ～ 3）组 ×（2 ～ 3）次，组间歇 5 分钟。

（6）交叉步转加速跑。交叉步跑 5 ～ 10 米，听信号后转体加速跑 20 米，（2 ～ 3）组 ×（2 ～ 3）次，组间歇 5 分钟。

（7）倒退跑转加速跑。倒退跑 10 米，听信号后转体加速跑 20 米，（2 ～ 3）组 ×（2 ～ 3）次，组间歇 5 分钟。

（8）加速跑。加速跑 60 米、80 米、100 米、120 米，（3 ～ 5）组 ×（3 ～ 5）次，组间歇 5 分钟。

（9）变加速跑。20 米加速跑达到最高速度时减速跑 10 米再加速跑 20 米，以此类推跑完一定的距离，组间歇 5 分钟。

（10）站立式起跑。听信号或枪声站立式起跑 30 米 ×（3 ～ 5）组 ×（3 ～ 5）次，组间歇 5 ～ 8 分钟，强度为 90% 左右。

（11）蹲踞式起跑。听信号或枪声蹲踞式起跑 30 米 ×（3 ～ 5）组 ×（3 ～ 5）次，组间歇 5 ～ 8 分钟。

（12）行进间跑。加速跑 20 ～ 30 米，到达指定的标记后行进间跑 20 ～ 30 米，行进间跑的距离可长可短，20 ～ 80 米，重复（2 ～ 3）组 ×（2 ～ 3）次，组间歇 5 ～ 8 分钟。

（13）重复跑。强度为 90% ～ 100%，距离短于比赛距离的 1/3，重复（4 ～ 6）组 ×（4 ～ 6）次，组间歇 5 ～ 10 分钟，如 100 米 ×5 组 ×5 次，组间歇 10 分钟，次间歇 5 分钟。

（14）上坡跑。上坡跑坡度为 7° ～ 10°，（30 米、60 米、80 米）×（2 ～ 3）组 ×（3 ～ 5）次，组间歇 5 ～ 8 分钟。

（15）下坡跑。下坡跑坡度为 7° ～ 10°，（30 米、60 米、80 米）×（2 ～ 3）组 ×（3 ～ 5）次，组间歇 5 ～ 8 分钟。

（16）上、下坡跑。在 7° ～ 10° 的坡道上往返跑，30 米上坡跑，30 米下坡跑，重复 2 ～ 3 组。

（17）顺风跑。风速 3 ～ 5 级，顺风跑（30 米、60 米、80 米）×（2 ～ 3）

组 ×（2 ～ 3）次，组间歇 5 ～ 7 分钟。

（18）牵引跑。在牵引机的牵引下按照一定的速度跑 20 ～ 60 米，重复（2 ～ 3）组 ×（2 ～ 3）次，组间歇 5 ～ 7 分钟。

（19）让距离追赶跑。2 ～ 3 人一组，根据个体的速度水平前后相隔 2 ～ 5 米的距离，听信号后起跑，后者在规定距离内追上前者，重复（2 ～ 3）组 ×（2 ～ 3）次，组间歇 5 ～ 7 分钟。

（20）接力跑。8×50 米、4×100 米、4×200 米、4×400 米接力跑。

（21）固定距离或固定步数反复跑。在需要起跳准确性高的项目中，如跳远、撑竿跳高、跳马等，运动员要经常练习固定节奏的助跑速度。（30 ～ 45）米 ×（4 ～ 6）组 ×（3 ～ 6）次。

（22）各种方式的跨栏跑。改变栏高，改变栏间距，改变栏间跑的步数和节奏，改变栏架的数量等。

（23）摸乒乓球台角移动。听信号后 30 秒左右移动摸乒乓球台两角，重复 2 ～ 3 次，间歇 2 ～ 3 分钟。

（24）变向带球跑。6 人站成一排，间隔 5 米，每人一球，根据教练的手势做前后、左右的带球、变向、急停、转身带球跑，重复 2 ～ 3 次。

（25）各种球类的移动速度练习。根据各种球类项目移动速度的特点，设计具有项目技术、战术特点的移动速度练习手段，如足球的进攻和防守的移动速度，乒乓球、羽毛球、网球运动员的脚步移动速度。

第三节　高校体育的耐力素质训练

耐力是指生物体长时间工作以克服工作时的疲劳的能力。它是运动员身体素质的关键指标之一，任何运动都需要恒定的耐力水平。对于一些运动，如中长跑和竞走等田径技术水平和比赛成绩的提高通常取决于耐力水平的提高。"重视身体一般耐力素质的训练是提高学生体能的一个重要环节，教学中加强一般耐力素质的训练能使学生的身体素质发展更为全面，运动能力更为均衡。"①

一、耐力素质训练的主要方法

（一）间歇训练法

间歇训练法对速度耐力和短跑耐力水平影响较大。周期性的方法包括所有的休息方法，如慢跑或步行。但放松练习也是其中的一部分。当心率恢复到 120 ～ 130 次 / 分钟时，开始下一个锻炼。

这是因为间歇训练法是运动员身体无法完全恢复时的下一个练习。它对身体有以下影响：

（1）有效提高人体每分钟的生产力。增加心肌收缩力和心排血量。

（2）有效改善人体的呼吸功能。尤其是最高的摄氧量。

（3）适用于压力时间相对较长、压力强度相对较低的长跑或中长距离跑。间歇性运动方法可以有效提高有氧消化能力和糖原的有氧耐力水平。

（4）适用于负重时间相对较短、强度相对较高的中距离跑步，有时也适用于较长时间的跑步。

（二）持续负荷法

许多耐力运动（例如划船、游泳、骑自行车、中长跑等）经常采用连续负重的方式进行越野训练，并产生很好的效果（例如短跑）。通过变速训练，我们可以在运动中逐渐提高速度，例如：以较慢的速度覆盖前1/3的距离。然后可以将速度提高到略低于中等强度的水平，并且可以以中等强度速度覆盖最后1/3的距离。此外，强度可以从中间到第二高水平连续变化。例如：每 1 ～ 10 分钟最大运动强度后，可以交替进行中级运动，以确保在下一次增加负荷前身体稍有调整。以最高速度心率可达到约 180 次 / 分钟，恢复时间减少至约 140 次 / 分钟。脉动波状强度的交替排列对于负重训练很有用，能有效改善心脏和中枢神经系统的机能。

---

① 聂国财，张晶瑶 . 浅析学生的一般耐力素质训练［J］. 新课程·下旬，2017（12）：309.

（三）重复训练法

重复训练法是指以给定的距离、持续时间和重量强度重复锻炼的方法。在不改变动作结构和有效载荷体积的情况下，这种训练方法的主要作用是提高无氧代谢的短跑运动员的耐力水平和混合代谢的中级跑者的耐力水平。

200 米、400 米等短距离长跑，可以有效地发展和提高乳酸动力供应系统的水平。由于项目对高速耐久的要求，即使在长距离（300 ~ 500 米）反复跑一段时，身体也会产生负氧量。

中距离比赛中的短距离比赛，如 800 米比赛，无氧代谢的比例较高，跑步时需要更多的氧量。因此，在 150 ~ 500 米内重复，不仅可以提高身体对缺氧的耐受性，还可以增加大量乳酸的积累。

长跑训练负荷高。每分钟的氧气含量和循环系统必须充分调动。因为长时间的循环和呼吸系统有时间克服惯性，逐渐提高工作水平，所以通过反复长跑，可以提高循环和呼吸系统的机能水平。

重复训练法是比赛期间训练的主要方法，并且主要在比赛开始时使用。根据运动员的实际情况，刺激的量和刺激的强度可以在一定范围内变化。但一般情况下，刺激量和刺激强度是相对恒定的。

重复训练法的一个特点是在运动时间内心率恢复到 100 ~ 120 次 / 分钟时进行下一个运动，运动距离、运动重量和动作有明显的特点。

（四）循环训练法

循环训练是基于特定训练任务建立多个或多个练习"站"的目标。每个"站"包含一个或多个与一般耐力发展相关的链接。为使运动员能够遵循给定的顺序和路线，为每个站设置的练习次数、方法和要求每个站进行一个训练，可以进行一周或数周。这是因为循环训练中下一站的锻炼是在上一站的锻炼对身体的刺激上留下了"痕迹"的基础上进行的。从第二次练习到站立，每个站的锻炼量几乎超过了前一站的负荷。因此，心血管训练对循环系统和全身功能的改善和发展有很大的影响。气道，同时可以充分攻击运动员不同部位的肌肉，局部肌肉拉伤和恢复可以交替进行。运动员对训练的兴趣正在增长，因此，心血管训练对整体耐力的发展产生了有益的影响。

此外，许多其他综合速度游戏、轻重练习等也是提高综合耐力的有效途径。

（五）高原训练法

高原训练法是指在海拔较高、空气中含氧量较低的高原地区进行训练。比如我国在青海多巴、云南昆明等地都有高原培训基地。2000 米左右的海拔高度可以培养运动员的有氧代谢能力，提高运动员到达高原后刻苦训练和参加激烈比赛的能力。

高原训练期间，由于高原空气中的含氧量比平原少，这增加了运动员对身体心血管和呼吸系统的需求。提高运动员在训练和适应过程中的通气和呼吸效率，这种改善促进了呼吸和循环的功能。

高原训练后，运动员血液中的红细胞和血红蛋白会增加。这增加了身体向血液输送氧气的能力，同时扩张和增厚肌肉的毛细血管。因此，它大大改善了肌肉细胞的能量代谢和有氧能量供应。

二、耐力素质训练的基本内容

（一）间歇跑训练

方法：练习者采用快跑一段距离后，再慢跑或走一段距离的中途有间歇的跑法。跑的速度、距离与间歇时采用慢跑或走以及练习的次数，应根据练习目的而定。

作用：发展专项耐力水平。

要求：快跑的速度应使脉搏达到每分钟 170 ～ 180 次，中间间歇；慢跑或走时，使脉搏控制在每分钟 120 次左右时再重复下一次练习。

（二）持续慢跑训练

方法：练习者采用较慢速度持续跑较长的距离，发展有氧耐力。跑的速度、距离、重复次数等应根据练习目的确定。

作用：发展一般耐力，提高有氧供能能力。

要求：在持续慢跑时，心率每分钟应达到150次左右为宜，以发展练习者的一般耐力。

（三）重复跑训练

方法：固定跑的距离，多次重复，进行该段距离的跑，重复跑时的速度、距离、重复次数等应根据练习目的和练习者的具体情况而定。

作用：发展专项耐力和一般耐力，提高无氧代谢能力水平。

要求：每次练习的间歇时间以心率恢复到100 ～ 120次 / 分钟为限，再进行下一次练习。

（四）变速跑训练

方法：这是一种按一定距离变换速度的跑法。在跑的过程中，用中等速度跑一段距离后，再以较慢速度跑一段距离。

作用：发展有氧和无氧代谢能力，提高一般耐力和专项耐力水平。

要求：中速跑与慢速跑交替进行相同的距离或中速跑的距离较慢速跑稍短一些，变速的交替次数依练习目的而定。

（五）越野跑训练

方法：可采用个人或结伴的形式，进行距离较长、强度较小的在野外自然环境中的跑步，在跑步中应保持正确的姿势，充分利用野外的上坡、下坡等地，进行跑的练习以发展一般耐力水平。

作用：发展一般耐力水平，提高有氧代谢能力。

要求：越野跑时应穿软底鞋，跑的距离及时间根据个人特点和练习目的确定，跑的过程中脉搏应保持在每分钟150次左右。

（六）追逐跑训练

方法：在田径场或自然环境中，采用多人相互追逐的跑。追逐时可选择一定的距离，然后再慢跑或走，反复追逐。追逐跑的距离、速度根据练习的目的而定。

作用：发展速度耐力、无氧与有氧代谢水平。

要求：同伴之间相互保持 5 ~ 10 米的距离，用中等或较快的速度追逐对方，慢跑时应使脉搏不低于每分钟 100 次左右。

（七）匀速持续跑训练

方法：采用中等速度持续跑较长或一定的距离，在跑的整个过程中，保持一定的速度，用匀速跑完练习规定的距离。

作用：发展专项耐力水平，提高混合代谢能力。

要求：速度达到中等速度，心率保持在每分钟 150 次左右，以匀速持续跑一定距离。

第四节　高校体育的柔韧素质训练

柔韧性是指不同关节的运动范围。人体的弹性包括肌肉、肌腱、韧带等软组织的弹性。弹性有两层含义：①关节活动范围的大小；②软组织的柔韧性，如肌肉、肌腱和韧带，使关节扩张。关节的运动范围在很大程度上取决于关节本身的装置结构。跨越关节的肌肉、肌腱和韧带等软组织的柔韧性在很大程度上是通过适当的训练实现的。

灵活性在运动中非常重要，它是有效技术改进的必要基础，也是保证体育技术水平提高的根本因素之一。当弹性不好时，学习运动技能的过程会立即减慢并变得更加复杂，并且通常不可能学习一些非常重要的技术来完成比赛。关节灵活性差会限制力量、速度和协调性的发挥，降低肌肉协调性、出汗并影响其他运动素质的发展，并且通常是肌肉和韧带损伤的原因。人体柔韧性主要具有以下特点：

（1）年龄的阶段性。不同年龄阶段的运动员对柔韧素质的要求是不一样的。例如，对体操运动员来说，10岁左右的柔韧要求可能是快速提高关节活动的空间与幅度，而16岁时的柔韧要求是保持现有良好的柔韧性。

（2）相对性。适当的柔韧素质训练有助于运动素质的保持和发展，柔韧练习少则达不到提高一般或专项素质的要求，柔韧练习太多则容易造成韧带松弛、关节不稳或肌肉受伤，因此说柔韧训练是相对的。一般柔韧性的要求是为力量、速度等素质训练要求服务的，只要能满足运动竞技的需求，无须练得太多。

（3）差异性。①项目差异性，在众多的运动项目中，显然各项目对运动员的柔韧素质要求是不一样的，例如，体操运动员由于要完成大量的翻、转体、团身等屈伸动作，对关节韧带活动要求显然高于球类运动项目；②个体差异性，人的发展阶段存在个体差异性，同样在运动项目中也存在这种差异性，不但不同的个体存在差异，而且同一个体的不同身体部位（关节）的运动幅度也不一样，男女运动员由于生理学上存在差异，女性的肌纤维细长，横断面积小于男性，对关节活动限制小，因此女性关节灵活性好于男性。

（4）可逆性。柔韧素质发展快，易见效，但消失也快，停训时间稍长，就会消失，该过程是可逆的，因此在实际训练中需注意柔韧素质的保持。

一、肩部柔韧训练

（1）压肩。腿站立，体前屈，两手扶同髋高的肋木或跳马，挺胸低头（或抬头），身体上半部上下振动。

背对横马，练习者仰卧在马上，另一人在后面扶着他的肩下压。要求把肩背部置于横马末端，压肩由轻到重。

体前屈，两手后面交叉握、翻腕，向上振动。要求两臂、两腿伸直，幅度由小到大。

（2）拉肩。背对肋木站立，两臂上举，两手握肋木，抬头挺胸向前拉肩。

要求胸部前挺，肩放松，幅度由小到大。

面对低山羊做手倒立，另一人帮助前倒进行搬肩拉肩。要求手离山羊近一点，幅度由小到大。

（3）吊肩。肋木、单杠、吊环反吊悬垂。要求开始可吊起不动，然后加摆动作，肩放松拉开。

（4）转肩。单杠、吊环收腹举腿，两腿从两臂间穿过，落下后悬垂，又还原做正悬垂。要求后悬垂时沉肩放松到极限。

单杠悬垂，收腹举腿，两腿从两臂间穿地，落下后悬垂，松一只手转体360°呈悬垂。然后换另一只手做。要求转动时肩由被动转动到主动转动，由逆时针到顺时针进行转动。

利用体操棍、竹竿或绳子、橡皮带做转肩练习，随着灵活性提高，两手间握距逐步缩短，但要注意两臂同时转，不要先后转肩。要求肩放松，用主动练习和被动练习结合起来转肩。

二、胸部柔韧训练

（1）仰卧背屈伸。可自己独立做，也可一人压腿，运动员只抬上体。要求主动抬上体，挺胸。

（2）虎伸腰。跪立，手臂前伸放于地上，胸向下压。要求主动伸臂，挺胸下压。

（3）面对墙站立，两臂上举扶墙，尽量让胸贴墙，幅度由小到大。

（4）背对鞍马头站立，身体后仰，要求充分伸臂，顶背拉肩，挺胸。

三、腰部柔韧训练

（1）甩腰。运动员做体前屈和体后屈的甩腰动作。要求幅度由小到大，充分伸展背和腹肌。

（2）仰卧成桥。仰卧开始，两手反掌于肩后撑垫挺起胸腹，两臂伸直顶肩，拉开肩成桥。也可由同伴帮助，逐步过渡到独立进行。随着训练水平提高，手和脚的距离逐步缩小。

（3）体前屈。体前屈练习方法很多，这里介绍以下几种：

腿伸直并拢体前屈，两臂在两腿后抱拢，静止不动，停止一定时间。要求胸贴大腿。

坐垫子上，两腿伸直，同伴助力扶背下压。还可将两腿垫高，加大难度。要求下压一定时间后，再停留一定时间抱腿。

分腿站立体前屈，上体在两腿中间继续甩动。要求肘关节甚至头部应该向后伸出。

运动员坐在垫子上，两腿分开置于 30 ~ 40 厘米高长凳上，运动员钻入板凳下，教练员两手按其背下压。

运动员面对肋木坐下，臀部与肋木间垫实心球，两臂向上伸直握肋木，教练员在运动员背后半蹲，两手握运动员两足前摆。

四、腿部柔韧训练

腿部柔韧训练，主要发展腿部前、侧、后的各组肌群伸展和迅速收缩的能力，以及髋关节的灵活性。

（1）压腿。压腿分正压、侧压和后压三个方向，将腿放一定高度进行练习。要求正压时髋正对腿部，侧压和后压将髋展开。

（2）开腿。开腿分正、侧、后三个方向，可由同伴把腿举起，加助力按。要求肌肉放松，不要主动对抗用力。

（3）踢腿。踢腿可扶把踢，也可行进中踢。常用踢腿方法有正、侧、后踢腿。还可采用两腿分别向异侧45°方向踢出的十字踢腿。

（4）踹腿。踹腿要领同正踢腿。踢左腿时，左腰要向异侧45°方向踢起，并自右经前至左划一弧形，到左侧时用右手击打脚面，踢右腿时同上法，相反方向也可做。要求每次踢腿时，膝关节一定要伸直。

（5）控腿。控腿按舞蹈基本功姿势，腿在三个方向上举，并控制在一定高度上。包括以下三种方式：

前控腿：①直腿抬起的向前控腿；②膝盖先抬起然后再伸直控腿。

侧控腿：上体正直，抬起的腿、髋关节必须展开，脚掌对准体侧，臀部不能向后突。

后控腿：上体正直，后举腿的髋关节不能外旋，脚掌向上。

（6）弹腿。弹腿先将大腿向上提起控制不动，然后小腿迅速有力地前踢，伸直膝关节。

（7）劈叉。劈叉前后劈腿，同伴帮助压后大腿根部。左、右劈腿时应将两脚垫高，自己下压或由同伴扶髋关节下压。

五、踝关节与足背训练

通过增加脚踝的柔韧性，可以提高跳跃能力。因为在小腿肌肉、比目鱼肌和足跟肌腱被拉伸后，肌肉会随着收缩而变得更强壮。脚背的柔韧性较好，能增加肌肉收缩。

操作者支撑肋骨，将前脚放在椅子的边缘。上下推动重量然后在脚踝的最高角度停顿片刻，以拉长肌肉和肌腱。

练习者跪在垫子上，用自己的体重推动脚尖。或者脚趾可以抬起，使脚的顶部在空中，然后向下推以增加力量。

练习者坐在垫子上，将重物放在脚趾上以按压脚背。

靠墙站立可以实现手腕运动。来回推动重心，用左右手的手掌挤压左右手的四个手指。

第六章　高校体育的技战术训练实践

第一节　高校体育足球运动的技战术训练

足球运动是以脚支配球为主体，在踢、运、停、顶、守门等基本技术的基础上两队互相攻守、对抗，是以射门为目标，以射入球多少判定胜负的球类运动。足球运动的激烈对抗性有利于培养大学生的顽强拼搏精神、团队精神和意志品质，全面改善和发展学生的身体素质。

一、足球运动的技术训练

"技能训练对足球运动员提高比赛中的技术运用能力以及比赛表现有着非常重要的作用。"① 足球运动技术分为控球、踢球、运球、接球、头顶球、抢截球、掷界外球等技术。

（一）控球技术

控球是持球队员以脚的各个部位，通过拖、拨、扣、颠、推、挑等动作，将球置于自身控制范围之内的技术。

（1）拖球。拖球是脚底触球的上部，将球由前向后或由左（右）向右（左）进行拖拉的动作。当拖球到位后，一般均以脚内侧做挡球动作，然后进入下一动作。

---

① 李甲.足球技能训练设计理念研究［J］.体育时空，2018（11）：147.

（2）拨球。拨球是持球队员用脚腕抖拨的动作，以脚背内侧或脚背外侧触球，使球向侧方或侧后（前）方滚动。拨球根据脚触球部位的不同分"内拨"和"外拨"两种，运用脚背内侧拨球称为"内拨"，以脚背外侧拨球称为"外拨"。拨球技术通常发生在与对手相持时，当对方伸脚抢截球的一刹那，以拨球技术从对方一侧越过。

（3）扣球。扣球是持球队员快速转身变向，用踝关节急转压扣的动作，以脚背内侧或脚背外侧触球，将球迅速停住或转变球滚动的方向。用脚背内侧扣球的动作称为"内扣"，用脚背外侧扣球的动作称为"外扣"。扣球动作改变方向后，用推拨动作突然加速越过对手。

（4）颠球。颠球是持球队员用身体各有效部位连续击球，并尽量不使球落地的技术动作。经常练习，能有效地促进人体对球的各种特性（弹性、重量、旋转等）的熟练程度，同时加深练习者对触球部位、击球力量的感觉，颠球的部位包括脚背、脚内侧、脚外侧、大腿、头部、胸部、肩等。

足球控球主要采用重复练习法。

控球技术实际练习：学生可以采用一人一球、两人一球的练习形式，在规定的时间内，将拖、拨、扣、颠球等控球技术重复练习一定的次数和组数。

（二）踢球技术

踢球是有目的地把球传给同伴或射门，它是完成战术配合的主要手段，同时也是足球基本技术中的主要技术。踢球的方法有很多种，包括脚内侧踢球、脚背正面踢球、脚背内侧踢球等，无论采用何种踢球的方法，其动作过程都是由助跑、支撑、摆腿、击球和跟随动作五个部分组成。

1. 脚内侧踢球

（1）直线助跑，最后一步步幅稍大，支撑脚踏在球侧 12～15 厘米处，膝关节微屈，脚尖正对出球方向。

（2）踢球脚屈膝外展，脚底与地面平行，脚尖微上翘。

（3）小腿加速前摆，用脚内侧部位击球的中后部，用推送或敲击的踢法将球击出。

2. 脚背正面踢球

（1）直线助跑，最后一步步幅稍大，支撑脚积极着地，踏于球侧 10 ~ 12 厘米处，膝关节微屈，脚尖正对出球方向。

（2）踢球腿以髋关节为轴，大腿带动小腿由后向前摆动，击球一刹那，脚面绷紧，脚背绷直。

（3）小腿加速前摆，以脚背正面部位击球的后中部。

（4）击球后，身体及踢球腿随球前移。

3. 脚背内侧踢球

（1）斜线助跑，与出球方向约呈 45° 角，最后一步略大，支撑脚外沿积极着地，踏于球的侧后方 20 ~ 25 厘米处，膝关节微屈，脚尖指向出球方。

（2）身体稍向支撑方一侧倾斜，踢球腿以髋关节为轴，大腿带动小腿向前摆，大腿摆至与支撑腿接近同一平面时，小腿加速做鞭打动作。

（3）踢球腿击球时，脚尖稍外转指向地面，脚趾紧扣，脚背绷直，脚跟提起。

（4）以大腿带动小腿加速前摆，根据传球的目的，击球的后中部或中下部，传出的球会出现高、中、低不同的效果，击球后继续随球前移。

踢球应注意：①传球不准确，应调整支撑脚的站位；②传球力量不够，应加快小腿摆动速度；③传球落点不准确，应注意整体动作的协调性和脚形的准确性。

踢球技术实际练习：①两人一组，一人用脚底踩住球，另一人采用一步或三步助跑做各种踢球动作的模仿练习；②对墙踢球练习；③两人一组，相距一定的距离，互相踢球练习；④踢准练习。

（三）接球技术

接球是队员有意识、有目的地利用身体的合理部位，把运行中的来球停挡在自身控制范围之内的技术。一般常用的接球方法有脚内侧接球、脚底接球、胸部接球、大腿接球等，不管采用何种接球方法，都应包括判断球速、落点、接球及接球后控球四个过程；接球形式包括接地滚球、空中球和反弹球三种。

1. 脚内侧接球

脚内侧接球包括接地滚球、接反弹球和接空中球三种技术。

（1）接地滚球的动作要领：

1）支撑脚正对来球，膝关节微屈。

2）接球脚屈膝外转，脚尖稍翘起，主动前迎来球。

3）球接触脚内侧一刹那，接球脚后撤缓冲，把球控制在便于衔接下一个动作处。

（2）接反弹球的动作要领：

1）支撑脚踏在球的落点侧前方，屈膝上体稍前倾。

2）接球脚放松提起，用脚内侧对准球的反弹角度。

3）当球反弹刚离地时，用脚内侧部位推压球的中上部。

（3）接空中球的动作要领：

1）根据来球的高度，接球脚举起前迎，对准来球路线。

2）当球与脚内侧接触瞬间，后撤缓冲。

3）把球控制在有利于衔接下一个动作的位置。

2. 脚底接球

脚底接球包括接地滚球和接反弹球两种技术。

（1）接地滚球的动作要领：

1）支撑脚踏于球的侧后方，屈膝脚尖正对来球。

2）接球脚提起，自然屈膝，脚尖上翘高于脚跟，踝关节放松。

3）用脚掌前部触球的中上部。

（2）接反弹球的动作要领：

1）支撑脚踏在球落点的侧后方，对准来球反弹角。

2）当球着地瞬间，用脚掌前部对准球的反弹路线，推压球的中上部。

3. 胸部接球

胸部接球是利用胸部接球的一种技术动作，其特点是面积大，有弹性，争取接球时间，易于掌握。胸部接球分挺胸式和收胸式两种方法。

（1）挺胸式接球的动作要领：

1）面对来球，双臂自然张开，两脚分开，微屈膝，重心落于两脚之间。

2）当胸部与球接触前瞬间，两脚蹬地，胸部稍上挺，收腹，上体后仰缓冲来球力量。

3）以胸部触击球后，使球落于自己能控制的范围。

（2）收胸式接球的动作要领：

1）面对来球，两脚开立，双臂自然张开，挺胸迎球。

2）当球与胸部接触前瞬间，收胸、收腹，同时臀部后移，使来球缓冲。

3）以胸部接球后，使球落于自己能控制的范围。

4. 大腿接球

（1）大腿与球接触的刹那，迅速撒引缓冲。

（2）以大腿中部接触下落的球，使球落于有助于衔接下一个动作的位置处。

接球应注意：①接球练习形式繁多，一般采用重复练习方法；②练习时，要从实战与战术配合出发；③2～4人为一练习组较为合适；④教师应根据学生的基础，安排切实可行的练习内容与方法。

接球技术实际练习：①利用足球墙进行各种接球技术练习；②将球踢高，完成各种接反弹球的练习（用手抛高球亦可）；③两人一组，相隔一定的距离，练习踢、接球动作；④多人三角传、接球练习。

（四）运球技术

运球技术是指持球队员在跑动过程中有目的地用脚的某一部位推拨球，使球保持在自己控制范围内的连续触球动作。运球技术包括运球和运球突破，常用的运球方法有脚背正面运球、脚背内侧运球、脚背外侧运球等。

1. 脚背正面运球

（1）持球队员运球跑动时身体自然放松，上体稍前倾，步幅稍小，两臂屈肘自然摆动。

（2）在运球脚提起时，膝关节微屈，脚跟提起，脚背绷紧，脚尖向下。

（3）在迈步前伸着地前，用脚背正面推拨球前进。

2. 脚背内侧运球

（1）持球队员身体自然放松，上体前倾并向运球方向转动，步幅小，双臂自然摆动。

（2）运球时膝关节稍弯曲，脚跟提起。

（3）脚尖稍向外转，在迈步前冲着地前，用脚背内侧推拨球。

3. 脚背外侧运球

（1）持球队员身体自然放松，上体稍前倾，双臂自然摆动，步幅中小。

（2）运球时膝关节弯曲，提脚跟。

（3）脚尖内扣，用脚背外侧推拨球的后中部。

运球应注意：①运球和运球突破技术一般采用重复练习方法，可运用无对抗练习、消极对抗练习、积极对抗练习及小组比赛练习等形式，练习要求可根据练习者的水平进行调整；②运球时步幅要小，身体重心应紧跟球的移动；③运球时要随时注意抬头观察情况。

运球技术实际练习：①走与慢跑中，先单脚，后双脚，先直线后曲线；②在人丛中或 5 米内间距的绕杆运球；③运球过人练习或变换运球速度的练习；④控好球并结合假动作练习；⑤离场队员观看其他运球队员练习。

（五）头顶球技术

头顶球是指队员有意识、有目的地用前额正面或侧面将球击向预定目标的动作。在足球比赛中，头顶球是传球、射门和抢截的有效手段之一，常用的有原地、起跳、跑动、鱼跃等方式顶球。头顶球作为争取时间、争夺空间的有效手段，在比赛中被广泛使用。

1. 原地前额正面头顶球

（1）身体正对两眼注视来球，两脚前后开立，微屈膝，上体后仰展腹，重心落于后脚，双臂自然张开。

（2）球运行至身体垂直上方时，后脚用力蹬地，收腹，快速向前屈体，重心由后脚移向前脚。

（3）击球时，颈部肌肉紧张，用前额正面顶球的后中部，上体随球前摆。

2. 起跳前额正面头顶球

（1）原地起跳时，双脚用力蹬地，两臂屈上摆自然张开，身体在上升中，上体后仰展腹呈反弓形，注视来球。

（2）球运行至身体垂直上方时，收腹，上体快速前摆，颈部紧张。

（3）用前额正面把球顶出，随后屈膝，缓冲落地。

头顶球应注意：①练习应运用自抛自顶的重复练习法，也可以借助墙、同伴抛来或传来的球，并要求有目标、有意识地提高头顶球技术和顶球的准确性；②顶球时不能闭眼、缩颈，要主动迎球，颈部保持紧张；③准确判断起跳时间和来球速度与落点。

头顶球技术实际练习：①各种头顶球技术的模仿练习；②两人一组，一人抛球另一人做头顶球练习，交替进行；③自抛自顶或两人对顶。

（六）抢截球技术

抢截球是转守为攻的积极手段，是防守技术的综合体现。抢截球包括抢球和截球两部分内容：抢球是指在足球规则允许的条件和动作下，把对手控制的或将要控制的球抢夺过来或破坏掉；截球是指将对手相互间传出的球，堵截或破坏掉。

1. 正面跨步抢截球

（1）两脚前后开立，膝微屈，身体重心下降并落于两脚间。

（2）当对手脚触球后，脚即将落地或刚落地瞬间，抢球者后脚用力蹬地，抢球脚以脚内侧堵截球，当球被堵时，另一只脚快速跟上。

（3）如双方同时触球，则抢球脚顺势向上提拉，使球从对手脚背滚过，并将身体重心迅速跟上，控制球。

2. 侧面合理冲撞抢球

（1）当防守队员与对手并肩跑动追球时，身体重心下降。

（2）用靠近对手方一侧的手臂，以肩部以下、肘以上的部分贴紧自己身体去冲撞对手相同部位。

（3）使对手失去平衡而失去对球的控制，乘机把球夺下。

抢截球技术练法应注意：①最好是在对抗的条件下并结合简易的攻防战术，效果较能体现，在练习过程中，若能结合游戏则有利于提高练习兴趣；②抢截球时机要准确，要合理；③抢球时动作要迅速果断。

抢截球技术实际练习：①无球情况下做抢截球各种技术的模仿练习；②两人一球，一人运球，另一人完成抢截球练习，交替进行；③两人相对站立，中间放一球，听信号后做抢球练习。

（七）掷界外球技术

掷界外球是指在比赛中越出边线的球，按足球竞赛规则规定，用手将球掷入场内，恢复比赛的一项技术。掷界外球有原地掷界外球和助跑掷界外球两种方法。

1. 原地掷界外球

（1）面向比赛场地，双手持球于头后。

（2）把球从头后经头顶用连贯的动作把球掷入场内。

（3）球掷出后，双脚均不得全部离地和踏进场内。

2. 助跑掷界外球

（1）助跑时双手持球于胸前，助跑距离不宜太长。

（2）掷球的动作与原地掷界外球相同。

掷界外球应注意：①单人对墙进行掷球练习，也可采用两人对掷界外球练习或一人掷球，另一人做接球练习，两人轮流练习的形式；②足球规则规定：掷界外球时脚不能离地、进场或远离规定的掷球点。

掷界外球技术实际练习：①两人一球互掷，距离可由近至远；②需要增加掷球远度，可用实心球代替。

二、足球运动的战术训练

（一）比赛阵形

比赛阵形是比赛场上队员的位置排列、攻守力量搭配和职责分工的形式。阵形人数排列一般是从后卫排向前锋，根据队员排列层次分成后卫线、前卫线、前锋线；守门员职责固定，一般不予计算。常见的比赛阵形有"4-3-3""4-4-2""3-5-2""4-5-1"等。

"4-3-3"阵形是把三个前锋放在前锋线上，中场也设立了三名球员，不但加强了防守能力，还使进攻的方式变得更加灵活。一般来说，此阵形中的后卫可分为两个中后卫，两个边后卫，使得防守更加有层次和立体性。前卫可分为一前二后或二前一后，不管哪种安排，中场都必须起到一个攻守的枢纽作用；边前卫主要负责加强进攻，中前卫主要负责组织进攻和参与防守。前锋也可分为中锋和边锋两种：边锋主要通过运球突破对方防守、射门或传中，同时要负起门前强点射门的任务；中锋是锋线的尖刀，主要是突破、抢点和射门。

"4-4-2"阵形和"4-3-3"阵形最大的区别就是把一个前锋队员放到了中场，加强了防守的能力。后防的位置和任务基本和"4-3-3"一样。中场有 4 名队员，有利于防守，同时也有利于夺取中场的优势和主动权。前锋的要求是突破能力强，善于把握破门的机会。整个队员的分布虽然是攻少守多，但是可以通过合理有序的组织，保证比赛中攻守力量的平衡。

"3-5-2"阵形最明显的特点是中场人数多，力量强大，有利于控制中场主动权，有效地阻止对方的进攻，减轻后场的防守压力；后卫线的 3 名队员大胆地紧逼盯人，相互保护补位；中场队员插上进攻的点多，而且隐蔽性较强。

"4-5-1"阵形是一个相对侧重于防守的阵形。后卫线的 4 名队员主要的力量用于防守，并协助控制中场和组织进攻；中场人数多，力量大，能够很好地控制中场的主动权，减轻后场的防守压力；前锋线上只有 1 名队员，进攻的力量相对薄弱，不过从防守反击战术来说，也有它的优势所在。

（二）进攻战术

1. 个人进攻战术

个人进攻战术是队员在比赛中为了战胜对手，完成整体进攻任务而采取的个人行动，它包括摆脱、跑位、传球、射门等。

（1）摆脱与跑位。每当队员得球都要发动进攻，同队队员要迅速摆脱对手，造成空当，给有球同伴创造多条传球路线，以便更好地进攻。摆脱对手紧逼，可采用突然启动、冲刺跑、急停、突然变向、变速和假动作等。跑位就是有目的地跑向有利位置或空当；跑位能使自己在短时间内摆脱对手接球，推进进攻。

（2）传球。传球是配合的基础，是完成战术配合创造射门机会的主要手段。选择目标、把握时机、控制力量与方向是传好球的重要环节。

（3）射门。射门是一切战术配合的最终目的，准确、有力的射门，往往使守门员猝不及防而失球。

2. 局部进攻战术

局部进攻战术是指进攻中两队或几个队员之间的配合方法，是集体配合的基础，其配合形式有"二过一"配合、传切配合、三人配合等。局部进攻战术通常以"二过一"配合为基础，"二过一"配合是在局部地区两个进攻队员通过两次以上的连续传球配合，越过一个防守队员的配合行动。"二过一"配合包括"斜传直插二过一""直传斜插二过一""回传反切二过一""踢墙式二过一""交叉掩护二过一"等。

3. 整体进攻战术

（1）阵地进攻中的边路传中。边路传中是指在对方半场两侧地区发动的进攻，通过传中来创造射门机会，此方法是针对对方边路防守人数较少、空间较大的缺点，突破防线，然后传中，由中路或异侧的同伴包抄完成射门。

（2）阵地进攻中的中路渗透。中路渗透一般有后场发动进攻、中路发动进攻、前场发动进攻三种形式。

（3）阵地进攻中的中路转移。中路转移是针对在比赛中，中路聚集着双方较多的队员，中路渗透不能奏效的情况，将球从中路转移到边路以分散防守力量，然后再从边路突破或者传中的一种进攻战术。

（4）快攻。快速进攻是非常有效的一种进攻战术，主要特点就是由守转攻时对方的防守还不是很到位，通过最简单的快速传递配合来创造射门机会。快攻的主要战术有：①守门员获得对方射门的球时，守门员快速地踢球或手抛球发动进攻；②在中前场抢截到对手的球时马上快速发动进攻；③在中后场获得任意球时，快速发球也能形成快攻机会。

（三）防守战术

1. 防守组合要素

同进攻组合要素相同，防守组合要素也根据防守队员的数量配置，包括封堵与抢截队员，紧逼盯人队员，保护与补位队员等。防守队员防守位置不同，防守角色也不同，防守的战术方法手段也不同。封堵、抢截队员主要对攻方控球队员实施防守，紧逼盯人主要是对插上队员和有可能接球队员实施防守，保护与补位是为防守同伴提供支援帮助和对攻方突破或插上控球队员实施防守。

（1）施压。攻方队员往往会通过各种手段想摆脱防守队员的盯防，也常常利用控球的优势来调动防守队员，以期达到制造出可用于射门的时间与空间。因此，防守时，防守一方要不断地采取逼、抢、夹击等手段向攻方队员施加压力，使攻方队员的活动受到限制，处于一种紧张忙乱的被动状态。施压要把握好时机与场区。施压的场区选择一是在对方罚球区附近和中后场时，二是当控球队员处于边角地区没有或传球角度较小时，除对控制球的攻方队员采取紧逼盯人防守外，对于有球附近的攻方接应队员也应同时采取紧逼盯人防守。

（2）回撤。由攻转守时，当有其他队员封堵控球队员时，其他无球防守队员要尽可能地快速回撤、分离、隔断攻方队员间的联系，在回撤过程中注视攻方进攻的局势变化和方向，不断调整回撤的位置和速度，不断压缩防守队员间的防守空间，加强防守队员间的联系，在有步骤的回撤过程中形成纵深防守体系。

（3）回位。防守队员应当对自己的防守任务有明确的意识，根据自己的防守任务和防守对象的活动，迅速回到自己的防守位置上来，以形成全队的防守纵深梯队，建立牢固的防守体系。如果不能迅速回位，就有可能造成防守体系的不严密，可能被攻方队员利用此弱点而将整个防守线击破。在对回位的跑动路线选择上，要选择有可能对攻方传射路线起到一定干扰的路线或角度，特别要选择能干扰控球队员向自己防守对象传球的角度和路线。

（4）追盯。攻方无球插上的队员往往是最有威胁的队员。因此，当有攻方队员插上时，一定要迅速地追上去，特别是在中路罚球区域附近时更要小心。当攻方队员摆脱后，被摆脱的守方队员要紧紧地追赶攻方插上队员，形成对插上攻方队员前堵后追的夹击局面，争取将进攻势头遏制住。

2. 基础防守战术

（1）选位和盯人。选位和盯人是防守战术中的基础，防守队员站位时一般应处于对手与本方球门中心所构成的一条直线上。一般情况下，对对方有球队员以及可能接球的队员要紧逼；对离球远的对手可采用松动盯人。

（2）局部防守配合。保护和补位是局部地区集体防守的基础，队员之间应保持适当的斜线站位。当一侧被突破时，另一个应立即补位，被补位队员迅速回到补位队员的位置。

3. 全队防守战术

（1）人盯人防守。除拖后中卫外，每个队员都要盯住一个指定对手，原则上对手跑到哪里就盯到哪里，拖后中卫进行区域防守，执行补位的任务。

（2）区域盯人防守。每个队员在自己防守的区域内进行盯人防守，无论哪个对手进入自己的防区就盯住他，一般不越区盯人，拖后中卫执行补位的任务。

（3）混合防守。混合防守是现代足球用得较多的一种防守方法，就是把人盯人防守和区域盯人防守结合起来。一般拖后中卫执行补位，另外三个后卫盯人，前卫和前锋区域盯人。"全攻全守"的踢法在防守时，每个队员都有防守任务。混合防守战术的关键：①场上队员要做到延缓对方进攻；②快速回防到位，保持防守层次；③紧逼盯人，严密守住球门前30米区域。

目前的足球比赛中全队防守战术一般有三种：①在进攻丢球后立即就地抢截；②在进攻中丢球后，前锋队员在前场封抢，其他队员立即退回本方半场防区进行防守抢截③在进攻失误丢球后，全队退至禁区前组织密集防守，阻击对方的进攻。

三、足球运动的比赛分析

（一）足球运动比赛场地

足球场地长100～110米，宽64～75米，由边线、端线、球门线、中线、球门区、罚球区、脚球区、罚球点、中点、中圈、罚球弧等区界构成。场地各界线的宽度不得超过12厘米。球门宽7.32米，高2.44米，角旗高1.50米。

球门线是判断进球的标志线，罚点球时，守门员在球踢出前，必须两脚站在球门线上，不得移动。

中线指平分球场的横线，开球时，双方球员站在本方半场内，当球踢出越过中线进入对方半场时，比赛方为开始。

球门区是指靠近球门的小长方形区域，当守门员在该区域内手中无球或在空中持球时，对方队员不得对他进行冲撞；发球门球时，守门员将球放在球出界一侧的球门区内。

罚球区指球门前的大长方形区域，在该区内，守方的守门员可用手触球；罚点球时，除守门员和罚球队员外，其他队员须退出罚球区和罚球弧外；踢球门球或守方罚任意球时，球必须踢出该区，比赛方为开始，在此之前，对方队员必须退出该区，并距球至少9.15米远。

（二）足球运动比赛方法

（1）比赛时间。全场比赛时间为 90 分钟，分为上下半时，各 45 分钟，中间休息时间不得超过 15 分钟。因故损失的时间，应在该半时补足，具体时间由裁判员决定。在淘汰赛中，两队比赛成平局时，则通过加时赛或互踢点球方式决出胜负。

（2）队员人数。比赛时，每队上场队员 11 人，其中一人为守门员。国际正式比赛每队最多可替换 3 名队员；任何其他队员都可与守门员互换位置，但须事先通知裁判员，待死球时进行；被替换下场的队员不得重新上场比赛。

（3）比赛开始。比赛开始前应用掷币方式选定场地，裁判员发出信号后由开球队一名队员将球踢入对方半场；下半场双方交换场地进行，并由上半场开球队的对方一名队员开球。

（三）足球运动比赛规则

1. 越位位置

当进攻队员较球更接近对方球门线者，即处于越位位置。

（1）越位判罚。在同队队员传球的一刹那，越位队员正在干扰比赛、干扰对方或正企图从越位位置获得利益，则判罚越位，应由对方队员在越位地点罚间接任意球。

（2）越位而不判罚。当队员仅处于越位位置或队员直接接球门球、角球、界外球时不应判罚为越位。

2. 犯规与不正当行为

（1）直接任意球。队员故意违反下列任何一项规定，应由对方队员在犯规地点踢直接任意球：①踢或企图踢对方队员；②绊、摔对方队员；③跳向对方队员；④冲撞对方守门员；⑤打或企图打对方队员；⑥推对方队员；⑦铲球时，触球前触到对方队员；⑧拉扯对方队员或向对方队员吐唾沫；⑨故意手球或用手臂部携带、击打或推击球（除守门员在本方罚球区内）。

防守队员在本方罚球区内违反上述情况中的任何一种时，应判罚点球。

（2）间接任意球。队员故意违反下列任何一项规定，应由对方在犯规地点踢间接任意球：①队员有危险动作；②不合理冲撞、阻挡；③守门员接回传球；④有意延误比赛时间。

（3）黄牌警告。比赛开始后，队员擅自进出场地；队员持续违反规则；用言语或行动对裁判员的判罚表示不满，延误比赛时间，故意离开比赛场地，及有不正当行为的，裁判员应给予黄牌警告，并判由对方在犯规地点踢任意球。

（4）红牌罚出场。有恶劣行为或严重犯规；暴力行为；用污言秽语辱骂对方队员；经黄牌警告后，又出现第二次可警告的犯规，以上情况应红牌罚出场，并由对方在犯规地点踢任意球。

（5）掷界外球。掷球时，队员必须面向球场，两脚均应有一部分站在边线上或边线外，不得全部离地，用双手将球从头后经头顶掷入场内，所掷界外球不能直接掷入球门。

（6）角球。当球被防守队员踢出本方端线时，由对方踢角球。踢角球时，不得移动旗杆，必须将球放在角球区内执行，踢角球可以直接射门得分。

（四）足球运动比赛风格

1. 全队配合打法的特征

全队配合是一个极为复杂和高度灵活的动态变化过程。在组织全队配合时，要充分考虑各方面的因素，如天气情况、全体队员的竞技能力情况、比赛对手情况、比赛场地、比赛性质情况等方面的区别。精心组织安排队员，布置战术打法，特别要注意比赛中战术打法的及时调整。

按照基本属性分类，全队打法可粗略地分为高压力与低压力两种风格。

（1）高压力打法特征。

1）高压力的第一个显著特征在于比赛中始终不给对手以自由活动的时间与空间，使对方队员时时刻刻处于一种紧张状态。

2）紧盯对手是高压力全队打法的第二个特征，无论是无球队员还是控球队员，统统都被本方队员纳入紧逼防守对象之列。

3）高压力全队打法的第三个特征是队员比赛中身体对抗激烈。由于在比赛中采用了紧逼盯人防守战术，因此进攻队员到哪里，防守队员就要跟到哪里，这样防守队员与进攻队员之间为争夺控球权会经常性地发生身体对抗，经常性地要为掩护球与争夺球进行合理冲撞。

（2）低压力打法特征。

1）与高压力全队打法相反，低压力全队打法的第一个特征表现在给对手以自由活动的时间与空间，让对手在一定限度的时间、空间内自由地控制球和传递，并不急于将球从对手脚下抢过来。

2）低压力全队打法的第二个特征是比赛中队员回避身体接触。控球队员总是在对手上来逼抢之前就将球传出，避免或减少与对方发生直接的身体对抗，以快速多变的传球来调动对方，使对方队员处于不停顿地奔忙之中。

3）低压力全队打法的第三个特征是很少冒险性地控球，即控球队员控球有可能失球时，当控球队员运球过人或摆脱有可能丢球时，控球队员往往不是采取冒险地运球过人或运球摆脱，而是将球传至更安全的同伴脚下。当控球队员没有好的传球机会时不轻易将球传至有可能失去控球权的同伴脚下或传向同伴与对手有可能同时接触到球的空当中去。

2.集体性与个体性风格

（1）集体性风格。集体性的全队打法在比赛中注重进攻效率，在没有良好的突破机会时会耐心地寻找战机，不盲目地将球传到对方防守腹地以让前锋队员在乱中寻找机会。集体性全队打法突出简练，控球队员多通过传球达到突破对方防守的目的，较少采用个人运球突破等复杂战术。由于控球队员多采用传球方式，因此，集体性全队打法注重对球的安全控制，不轻易将控球权丢失，不轻易冒险。进攻中常常通过有组织、有计划地利用多名无球队员的统一行动，一部分无球队员利用跑位在对方防守阵线中制造空当，另一部分无球队员则抓住时机去利用这些空当，从而在进攻中形成整体打法。

（2）个体性风格。个体性的全队打法注重发挥队员个人的技术技巧。

在进攻中充分利用队员个人高超的技术技巧运球突破或运球摆脱对手，为自己或同伴创造更好的进攻机会。此外，由于充分发挥了个人的技术技巧，因此，进攻中的机敏灵活是该打法十分突出的特征。控球队员往往根据运球过人或突破后的情况采取相应对策，而这种对策在比赛前的准备会上是不可能被详尽预料到的，比赛中完全靠运动员个人的临时应变决策。另外，由于运动员多通过运球摆脱或运球突破来制造进攻良机，因此在个体性的全队打法中运动员往往要运用复杂的技术技巧。

3. 直接性与间接性风格

（1）直接性风格。足球直接性这种比赛方法强调快节奏，常常在传球时寻找最直接的传球路线将球攻到对方门前，也就是本方进攻的第三区。当控球队员控球后，每每采用直接传球方式将球向前传。在有可能的情况下抓住时机，尽快地向前做长传球。这样的战术打法，队员需要有快速奔跑的能力和快速奔跑中处理球的能力，运动员在比赛中所处的位置比其控球的作用显得更加重要。因为，向前传球就必然要求在控球者前方有自己的同伴接应才行，没有同伴接应，就无法向前做长传，就无法快速直接传球。所以在直接性战术打法中，在进攻时，无球队员抢先占据有利的接应位置，比自己在安全的地方控球更加具有战略意义，只有运动员占据了必要的有利位置，直接性的战术打法才能得以实现。进攻队员在比赛中没有占据必要的攻击位置，直接性打法就会变成盲目快攻，最后的结果不会有什么实际收效。

（2）间接性风格。间接性战术打法与直接性打法相反，其强调运动员在比赛中牢牢地将球控制好，不轻易丢球。因此，在这种战术打法中特别注重队员的控球，队员的位置则相对置于较次要位置。此外，间接性的战术打法在向前推进时，往往要采取迂回前进的方法，进攻的节奏较慢。这种战术打法往往在攻入半场且对方已经建立起了牢固的防守体系时采用。攻方要通过不停地倒脚，不停地改变传球方向，通过传球或运球调动对手，以图在防守阵线上寻找漏洞或制造防守漏洞供本方队员突破插入利用。

总的来看，不同风格的战术打法，其特征也各不相同。属于低压力、个体性、间接性的战术打法表现出的特征集中反映为：比赛中通过多人的短传控制球，有球队员身旁往往有多人近距离地接应，队员个人的控球技术技巧娴熟，队员个人的传球技术技巧全面，注重且能够保持控球权。属于高压力、集体性、直接性的战术打法。表现出的特征则集中反映为：控球队员身旁较少有接应队员且接应队员距离较远，鼓励控球队员长传，队员的传球技术简练，传出使接应队员在防守队员人群中接控球的冒险性的长传渗透较多，接应队员不停顿地、反复快速地来回摆脱跑位，并且注重在对方门前的区域内取得或夺取控球权。

第二节　高校体育轮滑运动的技战术训练

一、轮滑运动的基础知识

轮滑运动是指使用各种带轮子的器材进行滑行运动的体育项目。可以在不同场所进行速度轮滑、花样轮滑、自由式轮滑、轮滑球、轮滑阻拦、滑板、极限轮滑、高山速降、障碍赛、轮滑马拉松、轮滑游戏以及各类与滑行有关项目的练习，也可能是以竞赛、训练、表演、培训、交流和娱乐等形式进行的活动。它们是社会体育和学校体育中的重要组成部分，也是竞技体育成员之一。轮滑曾经有很多汉化版本叫法，如旱冰、溜冰、滑冰、滚轴溜冰，为了规范和促进其发展，现统一称为轮滑。"在轮滑运动项目越来越受欢迎的趋势下，高校教育承担着传播轮滑运动文化，培养轮滑运动优秀人才，推动轮滑运动项目长远可持续发展的重要任务"。[①]

（一）轮滑运动装备穿戴

在进行轮滑运动时，人们非常容易忽视护具这一非常重要的装备。轮滑护具包括头盔、护掌、护肘和护膝。不同轮滑形式的护具也不尽相同，所以

---

① 李山 . 高校轮滑教学存在问题及发展［J］. 智库时代，2019（25）：201.

在购买护具时，不但要辨别护具的安全性能，还要购买特定轮滑形式的护具。正确佩戴护具不仅能有效地保护自身运动安全，还能保持形成良好的练习心态和敢于挑战高难动作的信心。

（1）轮滑鞋的种类和选择。轮滑鞋按照不同轮滑项目特点和功能可分为速度轮滑鞋、休闲轮滑鞋、极限轮滑鞋和轮滑球鞋等。目前国内大学校园流行自由式轮滑鞋（也称平花鞋），此类轮滑鞋简便实用、灵活轻便、场地要求低。既适合入门选手学习掌握，也可以进行一些高难度绕桩技巧动作练习。大学生在选择轮滑鞋时，应选择外壳比较坚硬、一体化刀架、轮子轴承转速比较快的、中间两个轮子大两边两个轮子稍小的、鞋码跟平常鞋子基本一致的，穿起来以脚在里面不晃动为宜，轮滑鞋内套包裹性越好越能保护脚踝，运动更灵活、安全。

（2）轮滑鞋及装备的穿戴。轮滑鞋及装备的穿卸顺序遵循以下原则：穿上时，自上而下，先戴头盔，再依次佩戴护肘、护臀、护膝、轮滑鞋，最后穿戴轮滑手套；卸下时，自下而上，先脱下轮滑鞋，再依次脱下手套、护膝、护臀、护肘，最后卸下头盔。注意：学生一定要先穿戴好头盔和护具后方可穿轮滑鞋进行轮滑运动，以确保运动安全。

（二）轮滑运动安全事项

学生进行轮滑运动，一定要有高度的安全意识。学生必须穿着合格的护具，保护好头部和四肢关节。运动前要做好热身活动，防止肌肉拉伤。滑行时要降低身体重心；不要轻易模仿尝试高难度动作；不要在不明情况的场地滑行；不要轻易在坡度大的场地滑行；不要在人车拥挤的马路上滑行；避免在有水及不平坦的地面滑行；运动场上养成靠右侧滑行和圆形场地上逆时针滑行的习惯。养成穿鞋前检查轮滑鞋各零部件是否牢固的习惯，经常检查轮子、轴承是否松动，并及时紧固，避免零部件丢失造成安全隐患。滑行一段时间后，轮子内刃磨损较多，应定期左右调换轮子的方向和位置。初学者一定要接受正确的技术指导，由浅到深地进行系统学习，切不可贪图一时之快，形成错误定型动作，甚至发生安全事故。

二、轮滑运动的技术训练

（一）速度轮滑技术

1. 直道滑行技术

（1）基本姿势。在速度轮滑运动中，为考虑增加动力性和减少空气阻力等因素，必须要采取特殊的身体姿势，以适应高速滑行的需要。流线型的滑跑姿势，能够减少空气阻力，达到减少消耗和相对提高滑行速度的目的，合理的姿势有利于发挥技术和身体潜能，它是滑行技术中重要的组成部分。

1）动作规格及要领：学生上体前倾与地面平行，髋、膝、踝三个关节呈屈的状态，髋关节角度一般保持在35°～50°，膝关节角度在110°～120°，踝关节的角度在60°～75°。身体外观呈半蹲的流线型姿势。上体放松，两手背后互握，头微抬起目视前进方向15～30米处。身体重心落在两脚中心位置。在运动过程中身体姿势是不断变化的，姿势的高低也要根据个人技术特点、比赛项目或战术的需要进行调整。身体重心位置是随着动作的变化而不断改变的，变化的基本规律是由后逐渐向前移动（在蹬地开始阶段处在偏后的位置上，在支撑滑行阶段落在脚掌的中间。在蹬地结束阶段移动到前脚掌的位置）。身体姿势与增加动力有关，相对较低的身体姿势有利于增加做功距离，加大对地面的作用力，达到相对提高动力的效果。

2）常见错误与纠正：①重心位置偏后，形成后坐姿势，造成躯干和下肢肌肉紧张。纠正方法：强调头和肩膀不要抬得过高，髋关节的角度要小于膝关节的角度，身体重心自然落在两脚中间，利用变换髋、膝、踝关节的角度来调整身体重心位置。②重心不稳定，身体晃动。纠正方法：强调将踝关节屈至最小角度，起到固定踝关节的作用，上半身自然放松，手脚动作协调，进行反复练习。

（2）蹬地技术。

1）动作规格及要领：蹬地是速度轮滑最重要的动力来源，是技术的关键。蹬地过程包括三个阶段：开始蹬地阶段、最大用力阶段和结束蹬地阶段。蹬地动作是在建立蹬地角度之后开始的，以大腿发力，髋、膝、踝依次伸展，蹬地的要领是逐渐加速向侧方向用力蹬地。

2）常见错误与纠正：①蹬地无力或蹬地速度慢。原因是浮腿落地过早或蹬地晚造成的，蹬地角度和腿部肌群力量不足也是初学者造成这种错误的重要原因。纠正方法：强调要早蹬地和晚落地的动作，要向侧向蹬地而不是向后蹬地，同时加强腿部力量训练。练习中不断强调技术要求，注意控制练习量，不要疲劳练习。②倒踝。多出现在初学者阶段，是由于练习者技术练习时间短，踝关节支撑能力差造成的，也可能因为轮子的位置偏离了重心或者轮滑鞋内帮较软无法起到支撑脚踝的作用。纠正方法：要选择适合速度轮滑运动的轮滑鞋，平花鞋应选择内帮较硬的鞋子。调整好轮架和鞋的位置，强化支撑能力的练习，增强腿部特别是踝关节力量。练习中强调技术动作要求，形成正确动作定型。③小腿蹬地。没有伸展髋关节，只伸展膝关节的小腿蹬地方式，不能有效发挥大肌肉群的作用，造成蹬地效果差。纠正方法：练习中重视培养伸展髋关节肌肉群的力量，养成髋、膝、踝依次用力顺序和习惯。④蹬地过晚，也在初学者中较常见。原因是浮腿落地过早或在初学时留下的技术痕迹。纠正方法：强调浮腿晚落地与蹬地腿早蹬地的技术配合。采用技术迁移方法和陆地模仿练习手段对晚蹬地技术进行改造。

（3）收腿技术。

1）动作规格与要领：当蹬地腿完成蹬地后，浮腿抬离地面至再次着地前的过程称为收腿。收腿的任务是连接蹬地与着地动作，配合身体重心的移动、保持平衡和肢体放松等。另外，浮腿积极摆动也有助于蹬地腿发挥蹬地效果。收腿的动作方法是浮腿以大腿带动小腿沿着最短距离路线拉回，使浮腿的膝关节靠近支撑腿。收腿时髋关节内收，膝关节屈，形成自然的钟摆动作。

2）常见错误与纠正：①以领先脚收腿。原因是收腿过急或支撑腿支撑平衡能力差。纠正方法：一般通过提示学生身体重心的落点，组织提高支撑平衡能力的练习以及收腿动作的分解练习。②收腿动作幅度过大，抬得过高或路线过长。原因是对技术理解不清楚或受到其他运动习惯的影响。纠正方法：学生要清楚动作规格和技术要求，多做陆地模仿动作练习，可以采用技术迁移的方法，待原有痕迹消除后再进行新技术练习。

（4）着地技术。

1）动作规格与要领：着地动作是指从收腿动作结束后至轮子落地的动作过程，包括两个动作阶段：一是向前摆动腿阶段；二是轮子着地动作阶段。着地的动作方法是以大腿屈的动作为主，从后向前提拉，以后轮领先在靠近蹬地腿内侧的前方着地。着地技术直接影响惯性滑行和蹬地效果。着地时小腿有积极明显的前送下落动作，促使浮腿动作的放松。浮腿轮子着地瞬间的角度要适宜，在浮腿轮子着地的瞬间，浮腿暂时不承担体重，当蹬地腿蹬地结束的一刹那才迅速承担体重。

2）常见错误与纠正：①着地位置距离支撑腿过远。原因是浮腿向侧跨造成的，往往会产生"反支撑"的现象和后果，大大降低蹬地效率。纠正方法：利用陆地模拟着地动作和完整的连续模拟动作进行纠正，控制错误的侧跨动作。②着地时机过早，在蹬地腿蹬地前浮腿着地，直接影响蹬地力的发挥，降低蹬地效率。主要原因是在蹬地过程中身体重心偏离，距离支点过远，迫使浮腿过早着地。纠正方法：在蹬地前控制摆肩的动作，强调将身体重心控制在蹬地腿上，使蹬地腿先蹬地，浮腿后着地，着地越晚越有利于蹬地腿加大蹬地力量。

（5）摆臂技术。

1）动作规格及要领：摆臂是配合身体各部位协调做功的重要因素，学生可以提高蹬地的功率和加快滑行动作频率，调节身体平衡。摆臂分单摆臂和双摆臂，一般在短距离项目或需要快速启动滑行时采用双摆臂，在中长距离比赛项目中的弯道区域采用单摆臂的方式。摆臂动作要与蹬地幅度、频率和节奏相适应。摆动时，两臂以肩关节为轴，以屈伸肘关节的动作完成前后摆臂动作。手可以半握拳或保持屈的状态，前摆最高点到颌下，后摆至与躯干平行。摆臂的方向应与滑行方向一致。摆臂与腿的配合动作为蹬地腿同侧臂向前摆动，异侧臂向后摆动。

2）常见错误与纠正。

错误动作：摆臂方向错误。纠正方法：清楚动作规格，反复练习陆地模拟动作。

2. 弯道滑行技术

弯道滑行是速度轮滑运动重要的技术部分，是在高速运动条件下，由直线运动急剧改变为弧线运动的过程，既要保持身体平衡，又要在原有速度的基础上产生加速度。

（1）基本姿势。学生上体前倾，支撑腿髋、膝、踝三个关节保持屈的状态，身体始终向圆心倾斜，并保持鼻、支撑腿的膝关节与前轮都处在同一纵轴平面上。当速度达到一定值后，轮子会产生侧滑现象，为控制侧滑，使髋关节尽可能地顶向圆心方向，上体向相反方向侧弯。速度越快倾斜的幅度越大，动作越明显。

（2）蹬地技术。在弯道滑行过程中，两腿的蹬地动作有所不同。右腿蹬地动作幅度大于左腿的蹬地动作。随着滑行速度逐渐加快，要逐渐加大蹬地幅度，加快蹬地步频，缩小蹬地角度。

（3）收腿技术。弯道收腿动作是弯道滑行周期动作的一个阶段。为适应弯道滑行的特性，两腿的收腿动作也不一致。若腿的收腿动作是膝关节领先，轮贴近地面向左侧平移。跨过左腿和左脚轮，至左脚轮左前方的适宜位置。左腿的收腿动作是以膝关节领先，使左踝保持放松状态。轮贴近地面向左上方做提拉腿的动作，将左腿收至支撑腿左侧较适宜的位置。

（4）着地技术。弯道滑行的轮着地动作过程只是轮子着地的瞬间动作。轮着地技术由着地方向、着地时机、着地部位和位置等组成，滑行中起到确定滑行方向、调节蹬地时机、协调配合蹬地动作、建立和保持平衡的作用。右腿的着地动作是在右腿收腿动作结束后。利用右脚踝关节的背屈动作使轮的正面后轮在支撑腿的前内侧较适宜的位置轻轻地着地。左脚轮着地动作是在左脚的收腿动作结束后，左脚踝关节背屈，使前轮稍稍翘起，利用轮外侧后部在右脚轮前内侧较适宜的位置轻轻地着地。

（5）摆臂技术。弯道滑行的摆臂动作多以单摆臂动作为主。学生弯道滑行摆臂重要任务是调节身体平衡、配合加强蹬地、提高蹬伸频率，有利于在滑行过程中使整个身体处在协调状态中。摆臂时，右臂的摆动幅度与直道摆动基本相同，摆动的方向稍向侧。

3. 起跑技术

（1）技术规格及要领。起跑一般包括五个动作阶段，即进入跑道、选位、起跑预备姿势、起动、疾跑。在练习和比赛中多采用"正面摆动式"起跑和"侧向交叉步"起跑两种方式。"正面摆动式"起跑规则要求，当发令员发出"预备"口令后，运动员必须在 15 秒内按规定完成起跑，否则认为起跑失败。

1）"正面摆动式"动作：学生两脚前后开立正对前进方向。前脚轮子位于起跑线后，与起跑线呈平行状态，后脚轮子站在前脚的侧后方。待两腿确定站稳和身体平衡后，后腿向后撤出一步，位于起跑预备线附近。上体从前往后引形成背弓，然后迅速由后往前冲出。并迅速以较高的动作频率、较大的步伐向前疾跑，一般向前跑 8 步左右，以获得更大速度。

2）"侧向交叉步"起跑动作：学生侧对滑跑方向，双脚自然开立，屈膝半蹲，双手屈肘在体侧，眼看起跑方向。听到发令枪响后，后脚迅速向前跨过左脚，身体快速转动朝向滑跑方向。在疾跑过程中要保持两脚轮之间有较大的开角和向前倾斜的身体姿势，并迅速以较高的动作频率、较大的步伐向前疾跑，以获得更快的速度。

（2）常见错误与纠正。

1）错误动作：两轮开角小。原因是两脚外展柔韧性影响两轮的外展动作，使蹬地受到限制。

纠正方法：加强两脚外展的柔韧性练习，在练习中提升两脚外展的角度和两脚的间距。

2）错误动作：姿势错误。常见的原因是上体过于前倾、髋关节、膝关节角度不合理。

纠正方法：可进行模拟基本姿势的练习，强调缩小膝、踝关节角度，上体抬起和向前顶髋的动作重心落在两腿之间，保持平衡的姿势。

3）错误动作：蹬地无力。原因是蹬地时机过早或者身体摆动速度相对慢。

纠正方法：在基本动作熟练的基础上，强调身体摆动幅度和摆动与蹬地之间的配合，向前摆动形成蹬地角度之后再用力蹬地，多进行徒手练习效果更明显。

4）错误动作：上体过分前屈。原因是髋关节角度过小，没有形成向前送髋的动作，限制前几步的步伐，影响初速度。

纠正方法：在徒手练习的基础上再进行有轮的练习，在练习过程中要强调向前送髋的动作，在利用皮筋牵引练习时，要将皮筋系在学生的双肩部位，而不能系在腰部。

5）错误动作：前脚轮子移动。原因是两脚站位过远或上体向后摆动幅度过大。

纠正方法：加强专门柔韧性的练习，特别是两脚外展和躯干伸展的柔韧性，强调前后摆动幅度适宜。

6）错误动作：蹬地角度过大。原因是疾跑速度相对慢或者步幅比较小，造成身体向上蹿的现象，影响向前的速度。

纠正方法：在练习过程中强调向前送髋和提膝的动作，另外对有相对严重错误的，要多利用徒手模拟疾跑练习手段进行练习。在基本达到技术要求后，再进行有轮的疾跑练习。

4. 冲刺技术

（1）技术规格及要领。冲刺是速度轮滑最后的关键阶段。冲刺技术直接关系到到达终点的时间和名次。规则规定到达名次判定是以前脚轮滑鞋的前轮前点触及终点线为到达终点。因此一般都采用箭步冲刺的方式，领先对手尽快到达终点。在冲刺前必须选择好有利的冲刺路线，提前加速滑行。在距离终点线恰当距离或时机采用"箭步"的动作冲过终点线。"箭步"的动作过程是以有利于比对手先到达终点的腿快速向前滑动伸出，达到领先对手的目的。在通过终点线后保持身体平衡，向前滑行。

（2）常见错误与纠正。

1）错误动作：冲刺过程中有危险动作或产生犯规行为是由动作不规范和技术不扎实造成的。往往表现在终点处，两臂平行伸展的幅度过大，造成拉人的动作假象或重心不稳以及前脚抬离地面。

纠正办法：练习时重视动作的规范训练，减少多余动作。在掌握平衡的基础上进行冲刺练习。

2）错误动作：冲刺路线受阻，选择冲刺路线不当或冲刺行为过迟，都会影响冲刺的效果。

纠正办法：在对手加速前提前加速，使滑行速度超过对手。抢占有利的位置，选择相对便捷的路线，前方无阻挡，左右可以控制。

3）错误动作：时机选择不当。过早或过晚都会使冲刺失败，原因是没有对手的概念或观察对手不足。

纠正办法：强调对手的因素。观察对手在终点前的行为变化，判断到达终点的距离，根据对手情况调整滑行步调，变化动作幅度节奏和选择时机，使冲刺保持在加速条件下将前轮伸向终点。

（二）自由式轮滑技术

1. 滑行技术

（1）"V"字前滑。

练习步骤：①学生双脚呈"V"形站立；②右脚支撑重心，左脚抬起，向前迈出一小步；③右脚侧蹬，重心迅速跟上移至左脚支撑重心，同时右脚抬起向左脚靠拢；④双脚平行向前滑行一小段距离后，右脚并左脚呈"V"字形站立。双脚交替蹬地，依次循环反复练习，直到熟练掌握。也可将此动作分解成"V"字行走、单蹬双滑和双脚平行前滑进行练习。

练习要领：①学生双脚呈"V"字形站稳，动作做标准；②初学者在练习中需要胆大心细，降低身体重心，遇到危险情况可采取主动摔倒措施；③交替抬腿时把重心控制在支撑腿上，落地时重心前移至落地脚；④轮子不要内扣和外倒，膝关节不要外展过大。

（2）葫芦步前滑。

练习步骤：①学生呈"V"字形站立；②重心下降前移，两脚鞋轮内刃蹬地，各自顺着脚尖向侧向弧线前滑；③两脚借助惯性顺势向内划弧内收，两脚尖并拢完成第一个葫芦步；④随后前轮稍抬起，脚跟鞋轮碾地，双脚迅速向外打开，呈现刚开始的"V"字形站立姿势，开始第二个葫芦步滑行。

练习要领：①学生呈"V"字形站稳，动作做标准；②初学者在练习中需要胆大心细，降低身体重心，遇到危险情况可采取主动摔倒措施；③该动作的动力来源于重心下移，两脚鞋子内刃向侧蹬出，同时向前划弧内收；④以膝关节带动踝关节，控制整个滑行方向，肌肉紧张，确保鞋轮沿着弧形前滑。

（3）双脚"S"前滑。

练习步骤：①学生以基本姿势站立；②两脚自然向前滑行，产生一定速度后平稳滑行；③身体前倾，平行前滑；④以髋带动膝，继而转动下肢，在滑行的惯性下用双脚后跟鞋轮碾地，使双脚积极变向，左右重复转向前滑。

练习要领：①起始惯性是"S"前滑的主要动力，但变向碾地也可起到明显加速助力作用；②"S"前滑主要依靠以髋关节带动膝关节，继而带动双脚左右转动，而不仅仅是依靠双脚碾地转动；③滑行中身体重心始终处在正中偏前一些的位置，不可重心后坐；④整个"S"前滑滑行过程中，不单单是下肢发挥作用，而是上下肢和躯干的协调配合才能发挥出最大效果，产生最大动力。

（4）玛丽步前滑。

练习步骤：①学生以基本姿势站立；②两脚自然向前滑行，产生一定速度后平稳滑行；③借助惯性，右腿前伸与左脚呈"一"字滑行；④在"一"字滑行基础上，降低重心，前脚后轮点地，后脚全轮着地，支撑重心；⑤后脚脚后跟迅速提起并以前轮着地，前脚后轮和后脚前轮共同支撑重心，重心落在两脚中间。

练习要领：①该练习必须借助惯性才能完成，需要前滑产生一定的速度；②两手臂张开保持身体平衡；③滑行时两脚鞋轮的方向必须保持一致。

（5）内"八"字倒滑。

练习步骤：①学生以内"八"字站立；②两脚内扣，重心后移，身体适当后坐，两脚以内"八"字状用鞋轮内刃向外蹬地，使两脚顺着两脚跟方向倒划弧分开；③接着惯性倒划弧接内收，减缓速度身体逐步复原，重心回到起始位置；④脚跟靠拢呈外"八"字站立。

练习要领：①倒滑时身体重心应保持在支撑面偏后位置；②外扩动力是

惯性，内收动力是大腿的内夹。

（6）前剪布滑行。

练习步骤：①学生呈"V"字站立；②重心下降前移，两脚鞋轮内刃蹬地，各自顺着脚尖向侧前弧线前滑；③两脚借着惯性，顺势划弧并夹腿内收，重心开始逐渐回移；④两脚借着夹腿的动力在身前交叉，接着两脚利用鞋轮外刃向前划弧，使脚尖转向朝外；⑤两脚分开后，重新前移，两脚鞋轮由外刃转内刃蹬地，完成内"八"字刹车。

练习要领：①利用夹腿动力，按前后位完成内收；②确保两脚间的前后距离以便进行交叉；③鞋轮内刃着地，脚尖互对交叉，鞋轮外刃着地，向前划弧使脚尖转向朝外分腿。鞋轮内刃蹬地开始下一个前剪布动作练习。

（7）双脚前轮前滑。

练习步骤：①学生以基本站立姿势准备；②两脚交替向前侧蹬滑行，产生前滑动力；③保持一定速度和身体平稳后，一脚前伸稍超过另一只脚，在惯性下两鞋轮方向保持一致，向前滑行；④两脚脚踝关节绷紧，两后轮同时迅速抬起，两脚前轮一前一后借助惯性向前滑行；⑤两脚依次着地，减速惯性滑行至停止。

练习要领：①必须保证有足够的速度，确保向前滑行的动力；②两脚位置前后分开，共同支撑重心；③两脚前轮滑行方向必须保持向前。

（8）单蹬单滑。

练习步骤：①学生以基本站立姿势准备；②两脚交替向前侧蹬滑行，产生前滑动力，保持一定速度和身体平稳；③一脚蹬地后，身体重心随后倒向蹬地方向，蹬地脚屈膝90°角抬起，置于支撑脚之后，两脚膝盖贴紧；④支撑脚轮子立直，可稍外倒，鼻子、膝盖、脚尖在同一条直线上，保持身体平衡，单脚向侧前方滑行；⑤待速度减低至快停止时，蹬地脚在支撑脚侧前方着地，同时支撑脚用力向侧蹬出，蹬地脚变为支撑脚，顺势向侧前方滑行；⑥两脚依次交替滑行。

练习要领：①两脚脚踝关节需具备一定单脚支撑能力，可扶杆原地练习单脚站立；②蹬地后重心迅速移向蹬地方向，建立新的身体平衡；③单脚支撑时支撑脚鞋轮一定要立直或稍外倒，不能内倒；④使鼻子、膝盖、脚尖处于一条直线上，身体协调自然放松。

（9）单脚"S"前滑。

练习步骤：①学生以基本站立姿势准备；②两脚交替向前侧蹬滑行，产生前滑动力，保持一定速度和身体平稳；③一脚蹬地后蹬地脚屈膝抬起，置于支撑脚之后；④支撑脚轮子立直，向前方滑行；⑤在前滑惯性下，支撑脚膝盖积极外展带动脚跟鞋轮碾地，使脚尖变向，向外滑出；⑥接着膝盖积极内压带动脚跟鞋轮碾地，使脚尖再一次变向，向内滑行。依次交替变向滑行。

练习要领：①滑行动力主要来源于起跑时的惯性，以及膝关节、踝关节左右摆动，带动鞋轮左右蹬地产生动力；②滑行脚的变向主要依靠在髋关节、膝关节带动下的鞋轮碾地。

（10）蹬地倒滑。

练习步骤：①学生以内"八"字站立；②身体后坐，重心后移，右脚内刃蹬地，推动左脚支撑身体倒滑；③右脚提起落在左脚右后侧，左脚鞋轮内刃蹬地，推动右脚支撑身体倒滑；④左脚提起落在右脚左侧，并用右脚一起以内"八"字状，用鞋轮内刃蹬地，完成"V"字刹车停止。

练习要领：①倒滑时身体后坐，重心落在滑行腿上；②倒滑的动力来源于鞋轮内刃蹬地；③倒滑时，支撑脚鞋轮立直，并与滑行方向一致。

（11）燕式平衡前滑。

练习步骤：①学生呈基本姿势站立；②两脚交替蹬滑，产生前滑动力；③经左脚支撑重心，右脚前伸使右脚稍超左脚，形成惯性前滑；④重心前移至右脚，左脚准备抬起；⑤借着惯性右脚支撑重心独立前滑，左脚缓慢向后上方抬起，与上体在同一平面，上体前倾与地面平行，同时展开双臂控制身体平衡；⑥上体抬起，左脚缓慢放下，顺势往前滑行，降速停止。

练习要领：①支撑脚轮子需立直，并且与滑行方向一致；②腰腹和膝关节、踝关节要紧张，控制轮子滑行方向。

（12）倒葫芦滑行。

练习步骤：①学生呈内"八"字姿势站立；②两脚用鞋轮内刃蹬地，使两脚顺着脚跟方向倒划弧分开；③借着惯性倒划弧接内收，重心回移；④当两脚跟内收相近时，即完成第一个倒葫芦步。随即脚掌鞋轮碾地，使脚跟迅速外斜，重心后移，开始第二个弧形倒滑。

练习要领：①该练习的动力来源于两脚内侧鞋轮蹬地，练习中应积极蹬地；②以膝带踝，控制整个滑行中脚的方向，保证弧形倒滑的完成。

（13）双脚"S"倒滑。

练习步骤：①学生以内"八"字姿势站立；②两脚左右交替蹬地，产生倒滑动力；③重心后移，双脚平行倒滑；④以髋带膝，用双脚脚掌鞋轮碾地，使双脚脚跟变向，右转倒滑；⑤以髋带膝，用双脚脚掌鞋轮碾地，使双脚脚跟变向，左转倒滑；⑥以髋带膝，用双脚脚掌鞋轮碾地，使双脚脚跟变向，右转倒滑。

练习要领：①滑行中，重心偏后；②以髋带膝，用双脚脚掌鞋轮碾地，使双脚脚跟变向，借着惯性顺势倒滑。

（14）单脚"S"倒滑。

练习步骤：①学生以内"八"字姿势站立；②两脚左右交替蹬地，产生倒滑动力；③用平行倒滑过渡；④借助惯性，单脚支撑倒滑；⑤以膝带动左脚脚掌鞋轮碾地，使脚跟右转，并顺势倒滑；⑥以膝带动左脚脚掌鞋轮碾地，使脚跟左转，并顺势倒滑；⑦以膝带动左脚脚掌鞋轮碾地，使脚跟右转，并顺势倒滑；⑧以"T"字后刹。

练习要领：①由于是单脚支撑，重心支撑面小，所以主要以膝关节的带动来加快左右转向频率，弥补支撑能力的不足；②单脚"S"倒滑所需动力主要依靠起始蹬滑产生的惯性。

2. 刹车技术

（1）"T"形刹车。

练习步骤：①学生原地呈"T"字形站立；②重心前移，后脚鞋轮内刃蹬地，稍抬离地面，前脚滑行；③后脚鞋轮内刃摩擦地面，减速，上体逐渐抬起，重心后移；④两脚紧贴在一起，呈"T"字形站立，降低重心；⑤正常滑行后，后脚抬起与前脚呈"T"字形，后脚轮内刃摩擦地面，逐渐减速，最后两脚贴紧，动作停止。

练习要领：①"T"字形站立动作一定要做到位；②后脚抬腿要果断迅速，不能犹豫不决；③重心前移降低，后脚鞋轮内刃用力摩擦地面；④身体保持平衡，不能左右晃动；⑤完全静止后再做下一组练习。

（2）内"八"字刹车。

练习步骤：①学生原地呈"V"字形站立；②重心前移降低，两脚鞋轮内刃向侧蹬地，并沿着侧护线滑出；③两脚向前滑出后，迅速顺着惯性划弧内收，两脚尖往中间滑行；④上体抬起，两脚尖靠近，呈内"八"字站立，动作停止；⑤原地依次练习，直到动作熟练掌握。

练习要领：①"V"字形站立时脚跟夹紧；②两脚向前滑出时重心处于前移状态，并降低重心；③沿着弧线，运用髋关节、膝关节和踝关节的力量两脚积极内收，减缓速度，保持身体平衡，直至动作停止，呈内"八"字站立。

（3）双脚转身刹车。

练习步骤：①学生呈基本站立姿势准备；②两脚交替蹬地向前，利用惯性平稳滑行一段距离；③待速度逐渐减弱时，转肩、转腰腹、转髋，带动身体转身180°，同时打开双手保持平衡，两脚鞋轮内扣，以轮子内刃摩擦地面达到降低速度的效果；④膝盖内收，降低重心，压住鞋轮，使肢体停止。

（4）单脚转身刹车。

练习步骤：①学生呈基本站立姿势准备；②两脚交替蹬地向前，利用惯性平稳滑行一段距离；③待速度逐渐减弱时，前脚后轮点地，另一脚向前方用内刃蹬出，摩擦地面降低速度；④以前脚后轮为支点，转肩、转腰腹、转髋，带动身体转身180°，同时双手打开保持平衡，另一脚用内刃蹬地划圆弧；⑤降低重心，压住鞋轮，使肢体停止。

3.双脚速度过桩技术

（1）起跑加速。练习和比赛中多采用正向起跑的方式。

"正面摆动式"起跑动作：学生两脚前后开立正对前进方向。前脚轮子位于起跑线后与起跑线呈平行状态，后脚轮子站在前脚的侧后方。待两腿确定站稳和身体平衡后，后腿向后撤出一步。上体从前往后引形成背弓，然后迅速由后往前冲出。两臂适度屈肘在体侧抬起，配合身体摆动开始前后摆臂。后腿随身体向前摆动，跨过感应光线。同时以前腿用力蹬地，完成起动动作。并迅速以较高的动作频率、较大的步伐向前疾跑，以获得更大速度。

（2）入桩。学生起跑动作完成后，保持身体平稳高速向前，并在进入第一个桩前，提前降低重心，调整速度和过桩姿势，设定好预想入桩路线。双脚过桩入桩的速度不宜太快，以入桩后双脚能及时绕过桩为宜。但也不能太慢，太慢会造成中途动力不足"滑不动"而停下来的情况。

（3）绕桩。向前绕桩的动力一部分来源于起跑过程，另外一部分来源于每过一个桩时，身体的转动和双脚轮滑鞋左右碾地侧滑的动力。学生绕桩时身体重心稍降低，双脚尽量并拢，以髋带膝进而转动双脚，上下肢协调配合左右转动绕过桩。绕桩的频率要快，不能等到桩到"眼前"，快碰到桩了才变向，而是在前一个绕桩动作结束后立马进入下一个绕桩动作。依次逐一绕过标志桩。

（4）冲刺。冲刺是双脚速度过桩最后的关键阶段。冲刺技术直接关系到达终点的时间和名次。用时多少是以前脚轮滑鞋的前轮前点触及终点线为到达终点，计时停止。注意双脚尽量保持平行，不能一前一后通过终点。在冲刺前必须选择好有利的冲刺路线，提前加速滑行，在冲刺的瞬间速度达到最大值。通过终点线后保持身体平衡向前减速滑行，直至停止。

4.单脚速度过桩技术

（1）起跑加速。练习和比赛中多采用正向起跑和侧向起跑两种方式，具体方式与双脚速度过桩相似。

（2）入桩。学生起跑加速动作完成后，保持身体平稳高速向前滑跑，并在进入第一个桩前，提前抬起一脚，降低重心，调整速度过桩姿势，设定好入桩路线。单脚速度过桩入桩的动作衔接要连贯流畅。

（3）绕桩。学生绕桩时身体重心稍降低，以髋带膝进而转动鞋轮，上下肢协调配合左右转动绕过桩。绕桩的频率要快。踝关节要求具有较强的支持力量和左右转向能力，转向要求迅速流畅，依次高速绕过每一个桩。

（4）冲刺。冲刺是单脚速度过桩最后的关键阶段。冲刺技术直接关系到到达终点的时间和名次。

5. 绕桩技术

（1）前剪布绕桩。

练习步骤：①学生呈"V"字站立；②右脚在前，前剪步绕桩；③桩间分腿；④分腿绕桩；⑤右脚在前，桩间合腿；⑥右脚在前，交叉绕桩；⑦桩间分腿；⑧分腿绕桩；⑨以内"八"字姿势刹车。

练习要领：①该练习的滑行动力以及重心控制与一般前剪布技术类同；②控制两腿的分合程度以满足过桩需要。

（2）双脚前轮前绕桩。

练习步骤：①学生呈"V"字站立；②左右脚交替蹬地，产生前滑动力；③双脚前后滑行；④滑至桩侧，重心前移，双脚脚跟提起，同时拧髋压膝，使脚尖前轮向右转向；⑤借着惯性，顺着脚尖方向前滑；⑥滑至桩侧，拧髋压膝，使脚尖前轮向左转向；⑦借着惯性，顺着脚尖方向前滑；⑧滑至桩侧，拧髋压膝，使脚尖前轮向右转向；⑨重心后移，全脚掌落地前滑接"T"字刹车。

练习要领：①在惯性动力主导下，积极拧髋，压膝，带动脚尖前轮来回转向，以完成动作；②双脚尖前轮滑行时重心应由两脚脚尖前轮共同承担。

（3）双脚倒绕桩。

练习步骤：①学生以内"八"字姿势站立；②左右脚交替蹬地，产生倒滑动力；③借助惯性，以髋带膝，使双脚辗转，向左滑行；④借助惯性，以髋带膝，使双脚辗转，向右滑行；⑤借助惯性，以髋带膝，使双脚辗转，向左滑行；⑥借助惯性，双脚倒滑；⑦借助惯性，双脚倒滑，并接"V"字刹车。

练习要领：①滑行中身体处于向后半侧状态，确保对身后桩位的观察；②滑行动力主要是起始的惯性，变向辗转只是辅助动力；③前脚变向辗转的着力点是脚跟下的后轮，后脚变向辗转的着力点是脚掌下的前轮。

（4）单脚倒绕桩。

练习步骤：①学生以内"八"字姿势站立；②左右脚交替蹬地，产生倒滑动力；③借助惯性，双脚平行滑行；④拧髋带膝，同时抬起一脚，使支撑脚积极左转，并顺势倒滑；⑤倒滑到桩左侧时，继续拧髋带膝，使支撑脚积极右转，并顺势倒滑；⑥倒滑到桩右侧时，再次拧髋带膝，使支撑脚积极左转，并顺势倒滑；⑦借助惯性单脚倒滑；⑧接"T"字后刹。

练习要领：①单脚倒滑中，上体保持平稳状态；②在髋的拧转带动下，脚掌的辗转使脚跟变向。

三、轮滑运动的战术训练

速度轮滑比赛战术包括战术准备和战术实施两个阶段。战术准备是实施战术的前提，战术成败与战术准备有直接关系。战术准备大体包括：战术知识的积累、智力水平的培养和战术策划等。战术的实施是在战术准备的基础上，针对场上情况采取的具体措施。它包括战术意识和战术行为两个方面。

速度轮滑比赛的主要战术有以下九点：

（1）领先滑行战术：发动战术者为达到战术目的，在起跑或滑跑的过程中，抢占领先位置，按自己战术计划或根据场上变化保持领先位置、实施战术的一种手段，这种战术在中距离比赛中常见。

（2）扣圈滑行战术：在比赛滑行过程中，发动战术者采取"先发制人"的措施，利用对手不备或错误判断等，扣对手一圈，然后再以尾随滑行的办法，来巩固领先的地位，这种战术在长距离比赛中常见。

（3）起跑拖后战术：为完成战术计划，发动战术者在起跑过程中有意识地晚起动或慢起动，造成起跑自然拖后的形势，形成一种战术手段。

（4）尾随滑行战术：在滑行过程中，战术发动者为达到目的采取尾随对手滑行，是保存实力、寻找战机、战胜强手的一种战术手段。

（5）盯人滑行战术：战术发动者针对某一个对手做跟踪监视滑行，以此达到战术目的的一种战术手段。

（6）变速滑行战术：在比赛的滑行过程中，战术发动者利用快慢交替的变速滑行来干扰破坏对手的正常滑行及战术实施的一种战术手段。

（7）抢位战术：在比赛滑行过程中，为了达到某种战术目的而抢占有利滑行的位置，干扰对手正常滑行或破坏对手实施战术的一种战术手段。

（8）交替领滑战术：为提高全程滑跑速度或合理分配体力而采用的同伴之间相互领滑相应距离的办法，构成交替领滑战术手段。

（9）变换滑行位置战术：在入弯道滑行或直道滑行过程中，两名同伴保持前后横向错位滑行，挡住对手超越路线，在出弯道时，外侧滑行的同伴可根据对手情况滑至同伴的前位来保持领先滑行位置的一种战术手段。

四、轮滑运动的适应性训练

为了能够建立轮子与地面接触的良好感觉，增加对轮滑鞋的控制力，增强稳定性，克服初次穿轮滑鞋站立的恐惧心理，以便更好地学习轮滑的滑行技术，可以通过在草地等摩擦力较大的地方模仿动作练习，以增强对轮滑鞋和轮滑运动特点的适应。

（一）轮滑运动的原地适应训练

（1）基本站立姿势。站立姿势可分为"V"字站立、"T"字站立和平行站立。学生需根据自身习惯和路面情况选择相应的站立姿势。站立时轮子立直、身体稍前倾、膝关节微屈、重心控制在两脚之间，身心放松。

（2）摔倒与站立。摔倒分为向前摔倒、向侧摔倒和向后摔倒。当学生滑行时遇到危险路段和意外情况即将要摔倒或者需要降速主动摔倒时，应降低身体重心，弯腰团身，保持身体平衡，逐步减缓速度，不要站立和后仰导致摔倒。实在避免不了要摔倒时，可以采取主动摔倒的策略，降低身体重心到尽可能地低，然后使手掌、手肘、膝盖或臀部同时着地，以使运动停止时损伤最轻。具体摔倒方向应根据具体情况而定。

站立时可先单膝跪地、单脚支撑、双手撑地，待身体稳定后再抬起另外一只脚，慢慢起身，双脚平行站立。

（3）原地踏步。学生在基本站立姿势的基础上进行原地踏步练习。注意轮子需要直上直下，垂直于地面，避免轮子内倾或者外倒，自然放松，慢慢增加原地踏步的高度和频率。

（4）原地蹲起。学生在基本站立姿势的基础上进行原地蹲起练习。上体前倾，臀部后坐，屈膝下蹲。注意保持身体稳定，不要左右晃动，轮子尽量不要来回移动。慢慢增加蹲起深度和频率。

（5）原地转身。学生在基本站立姿势的基础上进行原地转身练习。

（6）原地平行前后滑动。学生在基本站立姿势的基础上进行前后滑动练习。

（7）原地小步跑。学生在基本站立姿势的基础上进行小步跑练习。

（8）内外压刃。学生在基本站立姿势的基础上进行内外压刃练习。身体微屈，在两脚平行的基础上，重复向内、外屈膝压踝，鞋轮内、外刃着地。膝、踝关节要保持一定的紧张度。

（9）单脚支撑。学生在基本站立姿势的基础上进行单脚支撑练习。

（10）速滑基本姿势。学生上体前倾与地面平行，髋、膝、踝三个关节呈屈的状态，髋关节角度一般保持在 35° ～ 50°，膝关节在 110° ～ 120°，踝关节在 60° ～ 75°。身体外观呈半蹲的流线型姿势。上体放松，两手背后互握，头微抬起目视前方 15 ～ 30 米的距离。身体重心落在两脚中心位置。

（二）轮滑运动的移动适应训练

（1）正向行走。学生在基本站立姿势的基础上正向踏步向前行走，速度由慢到快，注意轮子垂直于地面，不能出现明显的内扣和外倒的情况。

（2）侧向行走。学生在基本站立姿势的基础上向左、右进行侧向行走练习。要求动作连贯舒展，重心移动平稳。

（3）大跨步行走。学生在基本站立姿势的基础上向前进行大跨步行走练习。进一步提升脚对轮滑鞋和轮滑运动的适应和掌握程度。

（4）交叉步行走。学生在基本站立姿势的基础上向左、右进行交叉步行走练习。进一步提升脚对轮滑鞋和轮滑运动的适应和掌握程度。

（5）绕"八"字行走。学生在基本站立姿势的基础上向前进行绕"八"字行走练习。进一步提升脚对轮滑鞋和轮滑运动的适应和掌握程度。

（6）速滑陆地模仿动作。速滑陆地模仿动作练习包括蹬地动作、单脚支撑、收腿动作和摆臂动作等。

第三节　高校体育冰壶运动的技战术训练

一、旱地冰壶运动的基础知识

冰壶运动又称冰上溜石，是一种以队为单位，在冰上进行的投掷性竞赛项目。冰壶是冬季奥林匹克运动会竞赛项目的队制项目之一，也是一项综合性体育运动项目，对参与者的力量、身体平衡感，以及动作的优雅性都有很高要求。因为良好的战术战略和高超的冰壶技巧是冰壶比赛获胜的关键，所以有人将冰壶称为"冰上国际象棋"。此外，冰壶是一种集技巧与智慧于一体、将个人与集体相结合，同时还具有较强战术性的智力运动项目，堪称"智者的博弈"。

（一）旱地冰壶的场地

（1）旱地冰壶所用场地是一个标准赛道。赛道两条端线内沿之间的长度是 13 米，赛道两条边线内沿之间的最大宽度是 1.65 米。

（2）在赛道上有几条宽为 1.65 米的平行线，从底端向内依次为：①底线，底线内沿距赛道中心为 4.9 米；②T 线，距赛道中心点为 4.3 米；③H 前线，距 T 线为 2.7 米。

（3）中线连接两端的底线与 H 线交于 T 线中点，平行于边线。

（4）大本营中心位于 T 线与中线的交叉点。以此为中心，赛道两端各有一个由四个同心圆组成的大本营，最里面圆（1 号圆）的直径为 0.18 米，第二个（2 号圆）直径为 0.4 米，第三个（3 号圆）直径为 0.8 米，最大的圆（4 号圆）外沿距圆心的直径为 1.2 米。

（5）有效区是指投球目标端 H 线与底线之间的赛道。自由保护区是指目标端 T 线与 H 线之间除圆垒的区域。

（6）赛道前后高低位置的定义：①前、高：靠近赛道目标端底端方向；②后、低：靠近投壶端底端方向。

（二）旱地冰壶的器材装备

旱地冰壶运动的器材装备主要包括旱地冰壶、赛道、赛道刷、推杆、清洁套装、便携式拉杆包、旱地冰壶鞋等。

旱地冰壶球外形与冰壶相似，由轴承和塑胶外壳组成，主体为圆形，顶部有一个小把手，壶身下方增设了 3 个滑轮用于地面滑行，球体更轻。壶身直径为 17 厘米，高为 9.3 厘米，每个重量不超过 1.2 千克。

一组共 16 个，分为红色 / 黄色两种颜色，在四人制的团体和混合团体比赛中，每个队使用 8 个颜色相同、重量相同的一套冰壶球，比赛双方使用颜色不同的冰壶球。

二、旱地冰壶运动的技术训练

（一）投掷（投壶）技术

投掷是旱地冰壶运动中重要而又最基本的技术，不同的战术决定不同的投掷方式和力度。从旱地冰壶比赛目的来讲，投掷既是技术又是战术，因为战术决定如何投壶，而投壶是否准确又取决于投壶的技术能力。战术建立在投壶技术基础之上，投壶技术应用水平的发挥决定战术效果。投壶的成功与失败，往往关系到得分与否，甚至与整场比赛的胜败都有着紧密的联系。一个高技术含量的投球，配合主将的指挥以及投球力度，能够决定一局比赛的胜负。因此，正确熟练掌握投掷（投壶）技术，为比赛中各类战术的实施运用打下坚实基础。

1.动作要领

投壶技术是指通过预先设定的路线对冰壶施以适当的力，同时进行必要的旋转将其投到指定的目标点，包括从准备投壶到壶出手的整个动作过程。

（1）动作要领：学生投掷时单腿下蹲，脚尖向前。上体自然放松，头抬起，目视前方，瞄准目标点；保证两腿支持身体的重量，控制好身体的重心；投壶臂自然舒展，肘部稍弯曲，以肩关节为活动轴，冰壶球置于体前；用拇指和食指握住壶柄，手持旱地冰壶球从本垒推球向前，至底线时，放开旱地冰壶球使其自行以直线或弧线轨道滑向营垒中心。

（2）初始位置：学生在投壶准备动作过程中，壶的开始位置对后续投壶动作有很大影响。如果壶的开始位置不正确，人们通常在后面通过多余的补偿动作进行调整时，会出现各种错误。在投壶时，身体右侧、场地的中心线上应该是作为壶所在最正确的位置。注意不要把壶放在身体正前方，因为这样会影响投壶臂的动作。

（3）持壶方法：学生拇指和食指形成"V"形，拇指在壶柄一侧，其余四指并拢从另一侧抓握，第二指关节在壶柄底部，手掌根部握在壶柄上部。注意力度不应过大，要以能够在投壶过程中稳定控制冰壶，并且手臂不过分紧张为宜。

（4）注意事项：学生掷出冰壶的动作要干净利落，身体任何部位均不可超底线，力量要适度，力量太大或者太小会导致冰壶出界或者不过界。掷出冰壶后，手最好呈与人握手状态。

2.技术分类

投壶基本技术包括慢壶（投准）技术和快壶（击打）技术两大类。由于投壶技术的好坏会直接影响到运动队的比赛成绩，因此，对投壶技术的训练就格外重要。虽然投壶技术并非表面看起来那么复杂，并且准确的投壶技术也不是只有一种，但投壶技术中的好坏之分是的确存在的。

（二）慢壶技术

（1）投进。投进是指将冰壶投掷进大本营内的有效投壶。

（2）保护。保护是指为了保护前面大本营内的得分壶，或者是挡住击打得分壶线路的有效投壶。

（3）占位。占位是指将冰壶投掷进自由防守区内，起到阻碍对方投壶路线的有效投壶，分为中区占位和边区占位两种。

（4）传进。传进是指控制力量将冰壶从非大本营区域传递进入大本营内，并对传进冰壶在一定程度上起到保护作用的有效冰壶。

（5）分进。分进是指控制力量，将两只冰壶分别传进至距离圆心更近的位置或是将阻挡本方路线的对方壶分开的有效投壶。

（6）粘贴。粘贴是指控制力量将冰壶粘在指定壶位置周边的有效投壶。

（三）撞击技术

撞击技术是指将对方停留在营垒内的冰壶撞击出营垒的技术，包括直接撞击和间接撞击。

（1）直接撞击。直接撞击是指投掷冰壶直接撞击对方停留在营垒内的冰壶，将其撞击出有效得分区域。这是一种最简单的撞击技术。

（2）间接撞击。间接撞击是指投掷冰壶撞击到一枚冰壶后转向撞击另一枚冰壶。这是一种最常见的撞击技术。可以利用一枚冰壶同时攻击对方两枚以上的冰壶，是一种极具效率的进攻方式。

（3）撞击的分类。根据撞击的目的可以分为以下五类：

1）拉引击球：将旱地冰壶掷在（得分区）营垒内。

2）防卫击球：将旱地冰壶掷在 H 线和得分区之间的自由防守区内，用来防御对手的投球进入营垒（大本营）。

3）敲退击球：将旱地冰壶放在一个或是多个已经存在营垒内的球前面，将对手壶轻敲挤离得分中心线，但不将它击出，而使其停在轻敲壶的后面，如此一来对方便难以将此壶击出。

4）晋升击球：将一只在自由防守区内的旱地冰壶，撞击到营垒内更接近得分区的中心，而撞击壶在前面起到保护作用。

5）晋升移位掷球：一只旱地冰壶被射球撞击之后，往后推进并移除营垒内对方的旱地冰壶。

（四）快壶技术

（1）清壶。清壶是指用力将指定冰壶击出大本营，同时击打壶也不留在大本营的有效投壶。

（2）打定。打定是指利用恰当的力量将对方大本营内的壶击出，同时击打壶留在击走壶位置的有效投壶。

（3）打甩。打甩是指用力将对方大本营内的壶击出，并且击打壶防守位置良好，或者能旋转到有效得分位置的有效投壶。

（4）双飞。双飞是指用力将对方两个或两个以上的大本营内的壶击出，并且击打壶能留在大本营内的有效投壶。

（5）传击。传击是指用力击打并通过对方或己方壶的多壶传递，将对方壶击出大本营，己方壶留在大本营内有利位置的有效投壶。

（6）溜壶。溜壶是指有意控制使其不接触任何壶，或故意将壶投出大本营外的有效投壶。

三、旱地冰壶运动的战术训练

冰壶战术是指在冰壶运动中采用何种投壶方式进行比赛。战术是指基于技术基础之上，根据不同的比赛条件和情况下选择以何种方式达到预期效果的投壶。

（一）战术训练构成

冰壶战术有进攻战术和防守战术之分：进攻战术分为先手进攻和后手进攻，防守战术分为先手防守和后手防守。战术就是进行冰壶运动竞赛的艺术。

冰壶战术由战术知识、战术行动和战术意识三部分构成。

（1）战术知识包括比赛组织形式、竞赛规程、可利用因素、合理的运用规则、专项技术特点、专项战术发展的趋势和对手的情况。

（2）战术行动是用各种形式技术的投法和其他活动实施预定战术的构想表现。其包括技战术的合理配合和变化、心理影响的方法、伪装战术意图的方法。

（3）战术意识是伴随着战术行为而发展的，主要通过运动员的能力反映出来，并且在战术行动的具体实施过程中体现：包括对比赛信息的感觉、判断、分辨，制定对策的能力，预测比赛发展结果的能力以及寻找成功方案予以实现的能力。

旱地冰壶的比赛场上形势多变，比赛战术是由队长或者执行投掷的队员在短时间内决定的，主要依据的就是场内己方与对方冰壶所在的位置。基础战术分为三种基本类型，即进攻型战术、防御型战术和混合型战术，同时从每局先后手和当前比分情况进行战术选择和具体分析。

（二）战术训练任务

战术训练是整个训练内容的一部分，与技术和身体素质有着密切的关系。

首先，学生要熟练各种预定的战术行动，并能在不同的比赛条件和情况下运用自如。

其次，学生要学会观察和分析情况，并了解和决定当时应采用的战术，而且能在最短时间内从思想和行动上予以实施。

最后，学生要能够最大限度地发挥技战术能力，以抑制对方的长处发挥，从而战胜对手。重要的一点就是在最艰难的比赛条件下尽可能实现预定的战术构想。

（三）战术训练要求与内容

战术训练的要求就是使学生了解基本的进攻型战术和防守型战术。进攻型战术是指比赛中采用高质量的投进、传进、粘贴等投壶技术，以积极得分和迫使对方犯错误为目的的打法；防守型战术是指比赛中采用单一的以击打为主的投壶技术，把对方大本营内的冰壶击出有效区，确保己方不失分或减少失分的打法，然后根据具体的比赛情况采用正确的战术。通常由六个因素决定具体战术。

（1）己方的特点：认清己方的长处和不足。

（2）对手的特点：发现对手的优势和弱点。

（3）先后手：在某一局比赛中先投壶或后投壶。

（4）局：处于一场比赛的什么阶段，即开局、中局、晚局或者最后一局。

（5）比分：比分领先或落后以及领先或落后的程度。

（6）赛道情况：赛道的特点和变化情况。

（四）战术训练方法

（1）降低战术练习的难度，在有效的难度里进行训练才能产生积极作用。

（2）在平时训练中，可以考虑在比比赛条件更为复杂的条件下练习，并且增加"对手"对抗力的方法至关重要。

（3）在限制击打次数和比赛时间的情况下进行比赛。

（4）平时利用实战比赛，以赛代练。

四、旱地冰壶运动的比赛分析

（一）比赛组队

在四人制的团体和混合团体比赛中，每个旱地冰壶队使用8个颜色相同、重量相同的一套旱地冰壶，比赛双方使用颜色不同的旱地冰壶。

在双打比赛中，每个旱地冰壶队使用6个颜色相同、重量相同的一套旱地冰壶，比赛双方使用颜色不同的旱地冰壶。

在个人赛中，每方使用8个颜色相同、重量相同的一套旱地冰壶，比赛双方使用颜色不同的旱地冰壶。

（二）比赛中的冰壶

未投的旱地冰壶应分放在壶道投壶端两侧不影响双方投壶的位置。如果在投旱地冰壶前，发现旱地冰壶有所损坏，应向裁判提出更换冰壶，经裁判同意方可替换。如果暂时没有多余的可替换的旱地冰壶，则可以使用已被投掷过但没有停留在有效区上的旱地冰壶。

如果在投壶过程中，旱地冰壶发生破损，并且裁判认定该旱地冰壶会影响比赛正常结果的，应恢复原先旱地冰壶形，替换新旱地冰壶，重新投掷一次，如果不影响比赛，则无须恢复原先旱地冰壶形，只替换破损旱地冰壶即可。

禁止对旱地冰壶做任何的改装。

停留在有效区上的旱地冰壶称为有效旱地冰壶，否则视为无效旱地冰壶，无效旱地冰壶应放置在不影响比赛的区域。垂直下视旱地冰壶与底线接触视为有效旱地冰壶，垂直下视旱地冰壶与边线接触视为无效旱地冰壶。

（三）比赛方式

（1）四人制的男团、女团比赛。

1）比赛分两队进行，一队有四名参赛运动员，可以有一名替补队员，一名教练。

2）比赛双方轮流投一壶，一局比赛，四名参赛运动员共投8壶，双方共投16壶。每队参赛的四名运动员分别为1垒、2垒、3垒、4垒。1垒负责本方的第1个和第2个壶的投壶，2垒负责第3个和第4个壶的投壶，3垒负责第5个和第6个壶的投壶，4垒负责第7个和第8个壶的投壶。

3）壶队在比赛开始前确定并宣布本队的投壶次序、场上队长和副队长。投壶次序一经确认，在整场比赛中不得任意更改。队长不能行使队长职责的，由副队长行使。队长的职责是：先确定先后手；向裁判提出异议；向裁判叫暂停；签字确认比赛结果；其他需代表壶队的事项。

4）教练在比赛局间或局中向裁判提出由替补队员更换场上队员。被替补下的队员不能再上场比赛，应退出比赛区。一场比赛，最多只能替补一次。替补队员的垒位即为被替补队员的垒位，其他队员的垒位保持不变。

5）一个壶队参赛队员不能少于四人。

（2）混合团体比赛。混合团体比赛除以下两点规定，其余都与男团、女团比赛相同。

1）每队必须有 2 名男队员和 2 名女队员。男女队员必须轮流投壶，投壶次序为：男、女、男、女或者女、男、女、男。投壶次序一经确定，整场比赛不再改变。不设替补队员。

2）队长和副队长可以是任何队员，但是必须是不同性别。

（3）双人比赛。双人比赛包括男双、女双、混双，可以有一名教练，没有替补队员。

1）如果一方有一名队员不能参赛，该队将被直接判负。

2）每队轮流投壶，一方共投 5 壶。不同局的比赛，同一队两名队员的投壶次序可以不同，两名队员的投壶次序可以在下一局发生改变，但投第 1 壶的队员必须投第 5 壶，另一队员投第 2、3、4 壶。

3）每局比赛开始，壶道上须在指定位置放置双方各一个壶，指定位置为 A 点和 B 点，一个壶队如果选择了 A、B 点的其中一点，对方就只能放在 A、B 中尚未被选择的那一点。

A 点为以下三个点位之一：

点位 1：在目标端 H 线和圆垒边缘之间的中线的中点。放置壶的时候，壶的中心点应落在中线上，壶的边缘应与该 A 点重合。

点位 2：点位 1 向圆垒方向移 0.3 米距离。放置壶的时候，壶的中心点应落在中线上，壶的边缘应与该 A 点重合。

点位 3：点位 1 向 H 线方向移动 0.3 米距离。放置壶的时候，壶的中心点应落在中线上，壶的边缘应与该 A 点重合。

A 点的三个点位在赛前确定后，整场比赛不变。

B 点：放置壶的时候，壶的中心应落在中线上，壶的边缘应与 2 号圆内切。

强 A、B 点：在一场比赛中，双方最多只能使用一次，由拥有 A、B 点选择权的一方使用。强 A 点与强 B 点必须同时使用。

强 B 点位置：3 号圆与 T 线相交处，放置壶的时候，将壶前缘与 T 线相切。

强 A 点位置：赛前确定的 A 点向强 B 点的同侧平移 0.4 米。

4）第一局猜先决定 A、B 点选择权，此后各局（包括加赛局），前一局未得分方获 A、B 点选择权。如果双方在一局中都不得分，该局的 A、B 点选择方继续拥有下一局的 A、B 点选择权。

5）所有有效壶（包括 A 点、B 点上的壶和大本营中的壶），在一局的第 4 壶投出之前禁止被击出有效区（即第 4 壶为可以将任意壶撞出有效区的第 1 壶）。如果违例，对方壶队将有权根据投壶后的壶形，选择有利于本方的结果：投壶有效，保持击打后的壶形；投壶无效，恢复击打前的壶形，并且，所投的壶作废，犯规方不能重新投壶。

4）个人比赛。个人比赛为一人参加，可以有一名教练，其余规则与团体赛相同。

以上各种比赛一般采取偶数局制，比赛局间可以根据具体赛事需要设置中场休息时间。规定局数双方打平，通过加赛决出胜负。

（四）运动员场上行为

（1）运动员在裁判或其他工作人员的带领下，列队进入赛场，比赛前双方互相友好致意后，比赛运动员留在场上，教练和替补队员等其他不进行比赛的人员在指定位置就座。

（2）非投壶方：除即将投壶的运动员，其他运动员应安静地位于壶道属于本方的一侧，不能做出影响对方投壶的动作或发出影响对方投壶的声音。即将投壶的队员可以静静地站在投壶端附近，准备投壶，但不能影响对方正在投壶的队员。如非投壶方有影响对方投壶的行为，投壶方将有权做出有利于本方的选择：①投壶有效；②将壶道上的壶形恢复成原先的壶形，并重新投壶。不管投壶方做出哪一种选择，非投壶方都将失去一次投壶机会，由非犯规方连续投壶。

（3）投壶方：各运动员可以在目标端壶道外商讨战术。如果因投壶方原因致使壶形发生非正常投壶变化，非投壶方将有权做出有利于本方的选择：①壶形变化有效；②将壶形恢复成投壶前的壶形，所投壶作废，如还未投壶，则丧失此次投壶机会。

（4）在指定位置就座的教练、领队、替补队员、翻译不能在比赛期间与场上比赛队员进行交流，只有在暂停期间和中场休息时可以和参赛队员进行交流，否则，裁判将出示黄牌警告，若警告后再犯，裁判可以出示红牌，将其驱逐出场。

（五）投壶规则

（1）先后手：除了双打比赛，除非预先决定或者由 LSD（Last Stone Draw）决定投壶先后手，否则比赛双方采取投硬币的方式决定第一局的先后手，未获先后手选择权的队获壶的颜色的选择权。保持投壶先后手顺序直到对方得分，得分的队在下一局中是先手。在双打比赛中，A 点的拥有方为先手方。

LSD：①每个上场比赛运动员投一个壶；②所投壶触及 1 号壶记录为 1，触及 2 号壶记录为 2，触及 3 号壶记录为 3，触及 4 号壶记录为 4，未触及大本营记录为 5；③所有运动员得分相加，分值低者获先后手选择权。如果分值相同，则由双方各派一名队员进行单轮加投直至决出胜负。

（2）除非预先确定，否则第一局的先手队有权选择整场比赛的旱冰壶颜色。

（3）赛事主办方可以根据运动员的身体特点，规定用手直接投壶还是借助推杆投壶。推杆只是手的延伸，不能有任何助力装置。

（4）每次投壶必须完全将壶置于投壶区内再出发，并且在壶的行进过程中必须触及 START 标志圆。

轮椅旱冰壶运动员在轮椅上投出时，可以将轮椅固定在投壶端 H 线和底线之间任何位置；投壶时，必须将壶放在中线上，壶的中心与中线重合；投壶运动员的脚禁止接触场地地面；队友可以坐在轮椅上在投壶队员后面进行帮助加强轮椅的固定。

（5）推壶时，壶必须呈直线向前行进，当壶离手或离杆时，壶初始的自行滑行线路应在直线推行的延长线上。

（6）旱冰壶到达投壶端前掷线之前必须完全离手或者与推杆分离。

（7）投壶时，应将三个滚轮贴着壶道向前推，不允许侧滚投壶。

违反上述（4）（5）（6）（7）规定的投壶，对方有权做出以下选择：①投壶有效，保持投壶后的壶形；②投壶无效，将壶恢复到投壶前的壶形，并且，所投的壶作废，犯规方不能重新投壶。如果该违规直至下次投壶完成后才发现，则不再进行处罚。

（8）投出的旱冰壶未达到近端投壶区 T 线，该运动员可以将壶放回投壶区重新投壶。

（9）在不计时比赛中，所有队员必须在轮到其投壶时做好准备，不得无故延误比赛时间。如果裁判认为某队员无故延误比赛，经提醒后，必须在 30 秒之内将壶投出，否则判罚该队员失去一次投壶机会。

（10）如果运动员误投了对方的壶，在该壶静止后可将此壶拿开，用己方的壶将其替换。

（11）如果投壶顺序出错或先后手出错，须恢复投壶前壶形，重新投壶。

（12）如果上述犯规或出错直至下次投壶完成后才发现或被提出，则不再进行任何处罚，比赛继续进行，剩下的壶由赛前确定的垒位对应投出。

（六）自由防守区（FGZ）规则

（1）目标端 T 线和 H 线之间除去圆垒部分为自由保护区。

（2）触及圆垒的壶不能认为位于自由保护区内。

（3）如果在第 6 壶之前，由投壶方直接或间接导致对方的壶被从自由保护区移到出局的位置（即变成无效壶），则对方壶队有权根据投壶后的壶形，选择有利于本方的结果：①投壶有效，保持投壶的壶形；②投壶无效，恢复投壶前的壶形，并且，所投的壶作废，犯规方不能重新投壶。

（七）触壶处理

（1）投壶方触壶。如果投壶方在本方投壶过程中触动滑行的壶或静止的有效壶，则对方有权选择：①投壶有效，保持投壶后的壶形；②投壶无效，将壶恢复到投壶前的壶形，并且所投的壶作废，犯规方不能重新投壶。

（2）非投壶方触壶。如果非投壶方在对方投壶过程中触动滑行的壶或静止的有效壶，则对方有权选择：①投壶有效，保持投壶后的壶形；②投壶无效，将壶恢复到投壶前的壶形，重新投壶。

（3）非投壶过程中触动静止的壶。在这种情况下，对方有权做出如下选择：①保持触动后的壶形；②恢复触动前的壶形。

（4）如果因外力引起的触动，恢复壶形。如果双方对恢复的壶形无法达成共识，则此局重赛。

（5）触动 LSD 壶。

1）如果运动的或静止的旱冰壶由投壶队队员触动或导致其被触动，则将该壶拿开，该壶记录为 5。

2）如果运动的或静止的旱冰壶由非投壶队队员触动或导致其被触动，则该壶记录为 5。

（八）得分与胜负

（1）所有规定的局数比完后得分多者胜；或一方提前认输；或通过计算，一方的得分已不可能超过对手得分，比赛提前结束。

（2）如果所有规定局数比完，双方平分，加赛一局，直至分出胜负。

（3）每局比赛完，要进行计分。

（4）在圆垒上，一方比对方的最接近圆心的壶更接近于圆心的所有壶每壶计一分。垂直下视，触及圆垒的壶被认为在圆垒上。

（5）双方都没有壶在圆垒上双方都不得分。

（6）得分的确认由裁判做出。

（7）在计算得分时，如果无法通过目测做出判断，启用计量工具，如果没有计量工具或计量工具也无法确定哪一个壶更接近于圆心时，此局双方得分均为零。

（8）当裁判使用计量工具出现失误而移动被测量壶时，双方各被测量壶将被认为离圆心距离相等。

（9）在确认得分前，一方如果移动位于圆垒上的壶，那么非犯规方有权做出以下有利于己方的一种选择：①按移动后壶形进行计分；②恢复移动前的壶形，如果恢复壶形有困难，裁判必须做出有利于非犯规方的处理，如果原先双方有壶离圆心的距离非常接近而无法明显区分谁更近时，那么必须裁定非犯规方的壶更接近于圆心。

（10）参赛队只有在本队投壶时才可以认输。

（九）比赛名次

（1）循环赛队伍排名程序。

1）在小组赛期间，相同胜负记录的队伍按照队名顺序排列，排名相同。

2）循环赛结束后，参赛队按照下列标准排名（按顺序）：①参赛队按照其胜负记录排名；②如果两队积分相同，按循环赛胜负关系排名；③当三支或三支以上队积分相同，按循环赛胜负关系排名，若仍无法完全排名，按剩余队伍之间比赛记录决定排名；④若①②③后仍无法排名，则使用 DSC 排名，DSC 是各队在循环赛期间所投的测量壶的所有 LSD 平均距离。

（2）根据赛事组委会制定的竞赛规程进行名次排定。

结　束　语

　　体育教学是高校教学中的重要组成部分，对于高校学生身体素质的增强具有重要意义。随着高校体育教学改革的不断深入，体育教学围绕健康第一、终身体育等教学思想，形成了多种教学模式。伴随互联网技术的高速发展，我国高校体育教学模式也进行了相应的改革，充分利用了互联网优势，培养出能够更好地适应当前社会发展需求的高素质体育人才。对体育教学模式与训练的探讨，不仅能推动高校体育教学的进一步改革，而且对大学生体育能力的提高和素质的培养都有现实的意义和作用。

参考文献

［1］陈宁．"体教结合"模式实践进程的再认识［J］.成都师范学院学报，
　　2020，36（9）：1.

［2］程瑞辉，刘刚．基于人才培养的高校体育教学模式改革［J］.继续教育
　　研究，2018（8）：117–123.

［3］戴兵，顾城．高校体育教学模式探讨［J］.山东体育科技，2001，23（4）：
　　52–53，56.

［4］董奎．高校体育教学方法探析与研究［J］.科教导刊–电子版（下旬），
　　2018（11）：225.

［5］董英辉．高校体育教学中的学生心理素质训练途径探究［J］.湖南师范
　　大学社会科学学报，2013（z1）：310–311.

［6］房辉．刍议体育微课在高校体育教学中的运用［J］.当代体育科技，
　　2022，12（1）：61.

［7］高卫哲，张寻．构建体育教学模式若干问题的理性思考［J］.成人教育，
　　2010，30（5）：91–92.

［8］葛冰．浅谈新课程理念下体育教学模式的选择策略［J］.教育探索，
　　2010（3）：66–67.

［9］侯付禄．高校青年体育教师备课应注意的六个问题［J］.考试周刊，
　　2012（17）：115.

［10］贾桂云．体育教学渗透拓展训练对培养大学生抗挫折能力的研究［J］.
　　黑龙江高教研究，2010（11）：161–163.

［11］蓝兰，韦军湘．运动训练与学校体育教学的异同［J］.体育学刊，
　　2001，8（3）：105–106.

［12］李甲．足球技能训练设计理念研究［J］．体育时空，2018（11）：147.

［13］李山．高校轮滑教学存在问题及发展［J］．智库时代，2019（25）：201.

［14］李尚胥．利用集中的优势整合教学与训练均衡体育资源［J］．广州体育学院学报，2012，32（1）：115-118.

［15］李吴磊．拓展训练引入体育教学的可行性研究［J］．教育探索，2013（9）：65-66.

［16］李武绪．简论情绪理论在体育教学训练中的应用［J］．中国成人教育，2006（10）：159.

［17］刘惠芳，王救文，蔡春娣．高校主体性体育教学模式的实验研究［J］．教育与职业，2010（17）：186-188.

［18］刘建．高校学生体育运动训练效果的影响因素及问题［J］．文体用品与科技，2021，24（24）：18-19.

［19］刘晶．新课程体系下生态体育教学模式探讨［J］．内蒙古师范大学学报（教育科学版），2015，28（4）：167-169.

［20］刘素梅．将拓展训练引入高校体育教学的研究［J］．中国成人教育，2007（6）：166-167.

［21］聂国财，张晶瑶．浅析学生的一般耐力素质训练［J］．新课程·下旬，2017（12）：309.

［22］沈钧毅．运用模糊数学对体育教学训练水平进行综合评价的研究［J］．中国体育科技，2000，36（11）：13-14，22.

［23］时传霞．构建体育教学模式创设民主教育氛围［J］．山东体育科技，2010，32（2）：70-72.

［24］王玲．对优化高校体育教学模式的全面思考［J］．教育与职业，2012（2）：112-114.

［25］王满．面向阳光体育的高校体育教学模式创新体系构建［J］．西南师范大学学报（自然科学版），2014（9）：185-188.

［26］王燕珍．试论体育教学模式的性质［J］．山东体育科技，2009，31（4）：

59–60.

[27] 王喆.拓展训练在体育教学中的价值研究[J].教育与职业,2011(6):154–155.

[28] 文小军.普通高校体育教学模式的创新[J].中国成人教育,2012(17):150–151.

[29] 文永芳.对体育教学模式的再认识[J].山东体育科技,2009,31(1):63–65.

[30] 吴胜涛.国外体育教学模式对我国体育课程发展的启示[J].教学与管理(理论版),2015(1):22–24.

[31] 许世云,郭红莲.试论运动智能[J].当代体育科技,2012,2(11):93–94.

[32] 许砚田,毛坤,邢庆和.高校体育教学模式的探讨[J].北京体育大学学报,2001,24(4):508.

[33] 颜中杰,应华,杨光.健康促进工程视野下上海高校公共体育教学模式研究[J].广州体育学院学报,2016,36(2):124–128.

[34] 杨超智.高校课内外一体化体育教学模式的构建分析[J].福建茶叶,2019,41(12):204.

[35] 张传新.高校体育教学实施拓展训练模式的可行性研究[J].中国成人教育,2010(1):144–145.

[36] 张海涛."体教结合"培养模式的研究与实践[J].灌篮,2021(19):42.

[37] 张建光.体育教学训练中潜意识的培养研究[J].北京体育大学学报,2007,30(8):1117–1118.

[38] 张细谦.有效体育教学模式的创建与实施[J].广州体育学院学报,2015,35(1):106–109.

[39] 张彦.运动处方理念下普通高校体育教学模式改革研究[J].高教探索,2020(12):40–43.

[40] 章莺.体育教学与运动训练关系论略[J].武汉体育学院学报,

2003, 37（1）: 101-103.

［41］赵延敏.拓展训练理念融入高校体育课教学比赛的实验研究［J］.山东体育科技, 2013, 35（3）: 100-104.

［42］周曙光.拓展训练模式在体育教学中的应用［J］.内蒙古师范大学学报（教育科学版）, 2014, 27（4）: 157-159.

［43］朱莉莉.力量素质训练理论研究［J］.济源职业技术学院学报, 2007, 6（1）: 75-78.